क्यों
मेरा बच्चा अशिष्ट व्यवहार करता है

डॉ. सुनील वैद्य

डायमंड बुक्स

प्रकाशक डायमंड पॉकेट बुक्स (प्रा.) लि.

X-30 ओखला इंडस्ट्रियल एरिया, फेज-II
नई दिल्ली
फोन : 011-40712200
ई-मेल : sales@dpb.in
वेबसाइट : www.diamondbook.in

**Kyon Mera Bachcha Ashisht Vyavhar Karta
Hai**
by : Dr. Sunil Vaidya

समर्पण

प्रिय पाठक, यह पुस्तक आपको समर्पित है। आप मेरे अस्तित्व का कारण है। आपके बिना तो ये लेखक कभी न होता।

मैं अपने हृदय से आपका आभार प्रकट करता हूं व आश्वासन देता हूं कि आपकी ओर से मेल, ई-मेल, फूलों का गुलदस्ता या मेरे सिर पर फेंकी गई चप्पल, जिस भी रूप में फीडबैक मिलेगी या संवाद स्थापित होगा, मैं उसे पूरी तत्परता व कर्मठता से ग्रहण करूंगा व दर्शाऊंगा, फिर भले ही मैं आपके मत से सहमत रहूं या नहीं।

हार्दिक धन्यवाद!

–टूटी पेंसिल का टुकड़ा

मदर टेरेसा ने लिखा था–‘*मैं लिखनेवाले ईश्वर के हाथों में एक नन्ही सी पेंसिल हूं, जो विश्व के नाम प्रेम का संदेश भेज रहे हैं।*’

–तब हो सकता है कि मैं भी टूटी पेंसिल का टुकड़ा हूं पर इतना तो सुनिश्चित है...वे मेरे माध्यम से भी कोई संदेश दे रहे हैं।

–डॉ. सुनील वैद्य

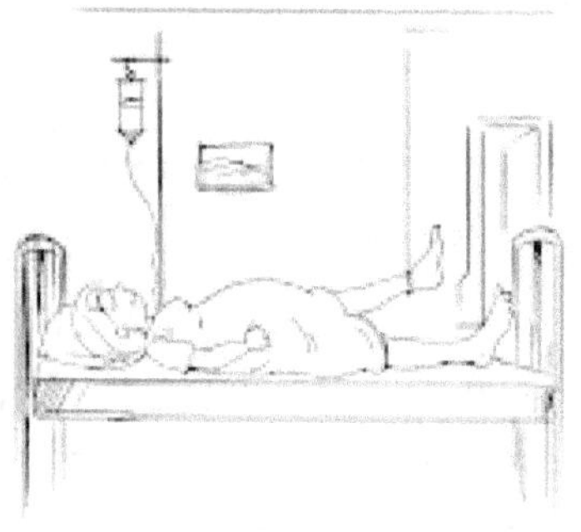

लेखक की कलम से

जब भी खासतौर पर पेरेंटिंग से जुड़े मामलों की बात की जाती है, तो मैं अपने-आप को एक ऐसा अनजान मूर्ख पाता हूं, जिसे इस बारे में कुछ नहीं पता। मैंने इस पथ पर अरबों-खरबों भूलें की होंगी।

अब, ऐसा लगता है कि ईश्वर ने मुझे मेरे जैसे लोगों को प्रबुद्ध बनाने का कार्य सौंपा है।

क्यों? मैंने पूछा

मैं ही क्यों?

क्योंकि हो सकता–मैंने अपनी की गई सभी भूलों को स्वीकारा व सदा उनसे सबक लेता रहा।

जैसा मैंने कहा; 'कोई भी अपने-आप में संपूर्ण माता-पिता नहीं होता।'

मैं और आप दोनों एक ही राह पर चल रहे हैं...हो सकता है कि मैं आपसे कुछ मोड़ आगे होऊं...आप निश्चित रूप से पेरेंटिंग के इस पथ से सफलतापूर्वक पार हो सकते हैं...यदि आप भी अपनी भूलें स्वीकारने व उनसे सबक लेने को तैयार हों तो...।

किंतु याद रखें–यह आपका नैतिक कर्तव्य बनता है कि आप अपनी बुद्धिमता तथा विवेक उनके साथ भी बांटें, जो शायद आपसे कुछ ही मोड़ पीछे, इसी रास्ते पर कहीं संघर्षरत हैं।

हैप्पी पेरेंटिंग!

–डॉ. सुनील वैद्य

विषय-सूची

1. दुर्व्यवहार क्या है?   7

2. माता-पिता को दुर्व्यवहार पर नियंत्रण क्यों रखना चाहिए?   11

भाग-I : दुर्व्यवहार के कारण   **15-29**

1   प्रत्यक्ष कारण–माता-पिता की शिक्षा   17

2   प्रत्यक्ष कारण–अपना वादा पूरा न कर पाना   21

3   प्रत्यक्ष कारण–सम्मान का अभाव   26

भाग-II : मूल कारण–संघर्ष   **30-54**

1   भ्रमित आदेशों का संघर्ष   32

2   उचित-अनुचित का संघर्ष   35

3   परिवार में संघर्ष   38

4   उलझे हुए बचपन का संघर्ष   40

5   संघर्षरत वातावरण   44

6   घर में संघर्ष   47

7   भ्रांत लक्ष्यों का संघर्ष   50

भाग-III : दुर्व्यवहार में वृद्धि   **55-76**

1   माता-पिता की आक्रामक प्रतिक्रिया से वृद्धि   56

2   परेशानी में वृद्धि–टेस्टिंग द फैंस (टी.टी.एफ.)   58

3   बार-बार शिकायत करने से होनेवाली वृद्धि   64

4   दण्ड के कार्य को दूसरों को सौंपने से उत्पन्न वृद्धि   67

5   दुर्व्यवहार को अनदेखा करने से उत्पन्न वृद्धि   70

6   बार-बार होनेवाले परिवर्तनों से वृद्धि   74

भाग-IV : समाधान   77-126

1   समाधान–पुरस्कार व दण्ड   82

2   समाधान–उनकी अपेक्षाएं आदर्श बनाएं   92

3   समाधान–सम्मान अर्जित करना   94

4   समाधान–प्रशंसा व प्रोत्साहन   101

5   समाधान–पारिवारिक भेंट   107

6   समाधान–ऐसा न करें ...   111

7   समाधान–आक्रामकता से निपटना   115

8   समाधान–एक बड़े बच्चे को अनुशासित करना   122

    क्यों मेरा बच्चा अशिष्ट व्यवहार करता है

1. दुर्व्यवहार क्या है?

कहते हैं कि सुंदरता देखनेवाले की आंखों में होती है। दुर्व्यवहार के बारे में भी कुछ ऐसा ही कह सकते हैं। विभिन्न व्यक्ति, एक ही कार्य को अपनी धारणाओं व मान्यताओं के अनुसार विभिन्न रूप में लेते हैं। इस प्रकार कोई कार्य, जो किसी को–'बहुत प्यारा' लगता है वही किसी दूसरे को अभद्र व्यवहार भी लग सकता है। क्या आपको विश्वास नहीं होता? आइए, मैं एक ऐसा उदाहरण दूं, जिसे संभवत: आपने भी कहीं-न-कहीं अवश्य देखा होगा।

☞एक बॉस को, उसकी कंपनी में काम करनेवाले युवा आई.टी. व्यवसायी ने डिनर पर बुलाया है। नए जोड़े की कोई संतान नहीं है क्योंकि वे दोनों ही अपने-अपने करियर में व्यस्त हैं। बॉस अपनी पत्नी व चौथी संतान, एक पुत्र के साथ आया जोकि तीन बेटियों के बाद हुआ है।

मेहमानों को वे एक खूबसूरत ड्राइंग रूम में बिठाते हैं। वहां आई.टी. युवा के माता-पिता बड़े ही जोश व उमंग से उनका स्वागत करते हैं। पिता एक रिटायर्ड आई.ए.एस अधिकारी हैं व मां एक स्कूल की सेवानिवृत प्रधानाचार्या हैं। पूरे कमरे में तरह-तरह के क्रिस्टल व कलाकृतियां सजी हैं, जो परिवार ने वर्षों की विदेश यात्राओं में संग्रह की हैं।

चार वर्षीय बच्चा उन कलाकृतियों को देख आकर्षित होता है क्योंकि उसने पहले कभी ऐसी वस्तुएं नहीं देखीं। वह झट से सफेद सोफे पर कूदते हुए नाजुक स्विस क्रिस्टल की डॉलफिन पर झपटता है। मेजबान का कलेजा मुंह को आ रहा है क्योंकि वह चार साल का बच्चा उनके महंगे क्रिस्टल को बाजीगर की गेंदों की तरह इस्तेमाल कर रहा है। बच्चे की मां, बड़े ही स्नेह से मुस्कुराते हुए, उसे ठीक से पेश आने को कहती है–सब बेअसर! पिता मेजबानों के काले पड़ते चेहरे देख, बीच में दखल देता है। वह बच्चे को कसकर पकड़ता है व उसके चंगुल से क्रिस्टल छीन लेता है। बच्चे के गुस्से का अंत नहीं क्योंकि उसे तो हर काम अपने ही तरीके से करने की आदत है। वह गला फाड़-फाड़कर रोता है व गुस्से में आकर सफेद फरवाले कुशनों को गंदे जूतों से खूब कुचलता है।

बेचारा मेजबान जोड़ा बच्चे को फुसलाना चाहता है, तब भी उसके माता-पिता विरक्त भाव से बैठे रहते हैं। जब कुछ काम नहीं आता तो पति बच्चे का मन बहलाने के लिए फुटबॉल देने की कोशिश करता है ताकि उसका ध्यान क्रिस्टल से हट जाए। इससे तो क्रोधित बच्चा और भी खीझ जाता है व पूरी ताकत से गेंद हवा में लहराता है, अलमारी में रखे आधा दर्जन क्रिस्टल धड़ाम से फर्श पर आ गिरे।

पहले तो एक खामोशी छा गई और फिर कुछ जुमले हवा में उछले 'कोई बात नहीं...बच्चा', 'कोई परेशानी नहीं...' पर उस कमरे में बैठे लोगों के दिमाग में तो कुछ और ही चल रहा है, जिसे वे सबके सामने कह नहीं सकते।

बच्चे की मां–बच्चा बड़ा नटखट होता जा रहा है पर इन मेजबानों को भी तो ध्यान रखना था कि ऐसे कलाकृतियों को निचली अलमारी में न रखते। बच्चा तो बच्चों की तरह ही पेश आएगा, न? क्यों, ठीक नहीं है?

   क्यों मेरा बच्चा अशिष्ट व्यवहार करता है

बच्चे का पिता–इसकी शरारतों से तो नाक में दम है। सबके सामने शर्मिंदा कर दिया पर है तो बच्चा ही। मैं इस प्रोफेशनल के चार पैसे बढ़ाकर, यह कमी पूरी कर दूंगा।

मेजबान–इसका बाप मेरा बॉस न होता तो बिगड़े नवाब को ऐसी तमीज सिखाता, जो इसे सारी जिंदगी न भूलती। मैंने तो सोचा था कि मेरा बॉस एक समझदार आदमी है पर ये तो बेअक्ल बाप निकला।

मेजबान की पत्नी–सिरफिरी कहीं की, अपना बच्चा तक नहीं संभाल सकती। ये गृहणियां तो वाकई मूर्ख होती हैं या फिर शायद हो जाती हैं क्योंकि इन्हें दिमाग का इस्तेमाल नहीं करना पड़ता। मैं तो ऐसी सड़ी सब्जी जैसी कभी न बनूं। अच्छा है, हमने पैर जमाने तक, बच्चा पैदा न करने का फैसला ले के ठीक ही किया।

मेजबान के पिता–असभ्य, निम्न वर्ग से आए नए-नए पैसेवाले लोग! बेचारे बच्चे व मां-बाप ; दोनों का ही खराब पालन-पोषण साफ दिख रहा है। मूल्य तो इनके पास है ही नहीं।

मेजबान की मां–कम पढ़े-लिखे मां-बाप, खास तौर पर मां; इसे इतना नहीं पता कि अपना बच्चा कैसे संभालना है। इसे तो 'चाइल्ड मैनेजमेंट व हैंडलिंग' की कुछ कक्षाओं में भेजना चाहिए।

यह शरारत या दुर्व्यवहार का मामला है–या अति दुर्व्यवहार? स्वीकृत व अस्वीकृत व्यवहार के बीच सीमा-रेखा कहां डाली जा सकती है? क्या माता-पिता उत्तरदायी हैं? यदि हां तो बच्चे के पालन-पोषण का बेहतर तरीका क्या होना चाहिए?–'पूर्ण स्वतंत्रता', 'कड़ा अनुशासन' या इनके बीच?

जैसाकि मैंने कहा, किसी भी कार्य के विषय में विभिन्न प्रतिक्रियाएं सामने आती हैं; जोकि व्यक्ति को सामाजिक मान्यताओं व दृष्टिकोण पर निर्भर करती हैं। हो सकता है, कोई एक कार्य जो पश्चिमी समाज में स्वीकृत हो, उसे अरब जगत में बुरा माना जाता हो। इस प्रकार विभिन्न समाजों से जुड़े लोग, न केवल एक ही कार्य को अलग रूप में लेंगे बल्कि एक ही समस्या के विभिन्न हल व समाधानों में भी विश्वास करेंगे।

इस पुस्तक में, मैं दुर्व्यवहार से जुड़े विभिन्न कारण व समाधान पेश करना चाहूंगा। इसके लिए मैंने वास्तविक जीवन के कुछ उदाहरण लिए हैं

(गोपनीयता की दृष्टि से नाम बदले गए हैं) और फिर एक मेडीकल व्यवसायी होने के नाते इन घटनाओं का विश्लेषण किया है। तो मेरे साथ चलने के लिए अपनी सोचनेवाली टोपी पहनें; हम एक बच्चे की मानसिकता को समझने की यात्रा पर निकल रहे हैं। सड़क के दूसरी ओर भी देखना न भूलें; वहां आपको माता-पिता के दिमाग में उसी दृश्य की दर्पण-छवि दिखेगी। संभावना तो यही है कि आप उस दर्पण-छवि में ही तकरीबन सभी प्रश्नों के उत्तर पा लेंगे।

बुद्धिमता का सूत्र : हो सकता है कि आपके द्वारा, जिसे बच्चे के मामूली उल्लंघन के रूप में लिया जा रहा हो, तीसरा व्यक्ति इसे गंभीर दुर्व्यवहार मान रहा हो।

क्यों मेरा बच्चा अशिष्ट व्यवहार करता है

2. माता-पिता को दुर्व्यवहार पर नियंत्रण क्यों रखना चाहिए?

यदि वह दुर्व्यवहार करता है, तो इसमें हर्ज ही क्या है?

बड़ी रोचक बात है कि जब मैं माता-पिता को परामर्श देता हूं कि उन्हें अपने बच्चे के अभद्र व्यवहार पर रोक लगानी चाहिए तो वे मुझसे यह नहीं पूछते–“हम ऐसा कैसे कर सकते हैं?” इसकी बजाए वे मुझ पर पलटवार करते हैं–अगर बच्चा कभी-कभार अभद्र व्यवहार करता भी है तो इसमें हर्ज क्या है? या सभी बच्चे बुरा बर्ताव करते हैं। (इस पर नियंत्रण करना आवश्यक क्यों है?)

उनके इन प्रश्नों से तो ऐसा लगता है कि वे ऐसे अभद्र व्यवहार को बच्चों के पालन-पोषण का एक अंग मानते हैं तथा यह मानकर चलते हैं कि बच्चा स्वत: इस व्यवहार को बदल लेगा। दरअसल ये निरीक्षण, उनके अपने अनुभवों पर आधारित हैं, जहां उन्होंने अभद्र व अशिष्ट बच्चों को, बड़े होकर सभ्य

तरीके से पेश आते व संभलते देखा है। उन्हें इस बात का अनुभव नहीं होता कि यह रूपांतरण की प्रक्रिया, वास्तविक जगत में कैसे स्थान पाती है। मैं आपको बताता हूं कि यह कैसे घटता है :

—मैंने यह प्रक्रिया देखी है; जिसे मैं 'बच्चों का टूटना' कहता हूं। जो घर में राजा होता है, वह बच्चा बाहर आकर किस तरह 'ब्रेकिंग किड' बन जाता है। जब मैं स्कूल डॉक्टर था तो पहली बार यह दृश्य देखने का अवसर मिला, वहां 3 वर्ष से अधिक आयु के बच्चे को पहली बार स्कूल लाया गया; घर में बहुत अधिक लाड-प्यार के कारण वह चीखने-चिल्लाने वाला बच्चा बन गया था। बेशक वह घर का बिगड़ा नवाब था। उसने दोनों मुट्ठियों में मां के बाल पकड़ लिए मानो उसे अपनी मर्जी के खिलाफ स्कूल भेजने की सजा दे रहा हो। उसे एक आंसू बहाती मां की बाहों से खींचकर 50 बच्चों से भरी नर्सरी कक्षा में धकेल दिया गया। बच्चे को लगा कि वह भी उन पचास बालकों में से एक हो गया था, यह तो उसके लिए अप्रतिष्ठा का विषय था। वह जमीन पर हाथ-पांव पटकते हुए विरोध जताने लगा ताकि उसकी मांग (जिसे वह घर में अधिकार समझता था) जल्दी पूरी की जाए।

उसे यह देखकर आश्चर्य हुआ कि कोई भी उसे लाड-दुलार देने आगे नहीं आया। यह अपमान तो बरदाश्त के बाहर हो गया, वह विरोध में जोर-जोर से पांव पटकने लगा, यही उसका अंतिम हथियार था। इस मनोहारी दृश्य को देखकर, जो चार-पांच अभी नए आए थे व स्कूल के वातावरण के अभ्यस्त नहीं थे; वे भी घर वापस जाने के लिए रोने लगे। दो जूनियर अध्यापिकाओं ने बच्चे को काबू करना चाहा पर बच्चे के मुंह से निकलती थूक की बौछारों से घबरा गईं। नर्सरी कक्षा प्रमुख, गहरे रंग की भारी-भरकम क्रिश्चयन महिला समझ गई कि अगर जल्दी ही कुछ नहीं किया गया तो ये उपद्रव बढ़ जाएगा व बाकी पचास बच्चे भी चीखते-चिल्लाते दिखेंगे।

वह बच्चे को झट से उठाकर, देखनेवाले की नजरों से दूर, पिछले बरामदे में ले गई, जहां मेरा क्लीनिक स्थित था। कक्षा की खिड़की से सटे बच्चे दृश्य निहार रहे थे, मैडम ने सबको दिखाकर, जोर से एक थप्पड़ उसके मुंह पर मारा। मैंने कभी ऐसा झन्नाटेदार तमाचा नहीं देखा था। बाकी शोर मचाने वाले बच्चे पलभर में शांत हो गए लेकिन उस एक बच्चे का सारा आत्मविश्वास चकनाचूर हो गया।

    क्यों मेरा बच्चा अशिष्ट व्यवहार करता है

मैंने उस खास बच्चे के व्यवहार को बाद में भी निरीक्षण किया ताकि जान सकूं कि उसके ऊपर उस थप्पड़ का क्या प्रभाव पड़ा। अगले साल तक मैं वहीं था। यह 'घर के राजा' के टूटकर बिखरने की दुख भरी दास्तान थी। बच्चा न तो कभी रोया, न चीखा-चिल्लाया और न ही हाथ-पैर पटके—न ही उसने कक्षा में किसी प्रश्न का उत्तर देने के लिए हाथ उठाया। उसके चेहरे पर तभी मुस्कान दिखाई देती, जब मां उसे लेने आती, तब वह फिर से तुरंत मांग करनेवाला आत्मविश्वासी राजा बन जाता। उस एक थप्पड़ ने उसका जीवन ही बदल दिया था। (यह अच्छा रहा या फिर बुरा?)

—आजकल के अच्छे प्ले-स्कूलों में इस तरह की तमाचेबाजी नहीं होती, मेरी एक रिश्तेदार ने कहा। हो सकता है! क्योंकि वह तमाचा दुर्घटना करीब बीस साल पहले की बात है पर मुझे बताएं कि इसमें टीचर का भी क्या दोष! वह इस हालात में कर भी क्या सकती है, जब उसे तीन साल की उम्र के पचास रोते-चिल्लाते बच्चों की कक्षा संभालनी हो। उसे तो उन्हें काबू करना ही है—फिर चाहे थप्पड़ रसीद करे या कांख के नीचे चुटकी काटे (छोटे बच्चों की टीचरों की सामान्य ट्रिक) या बच्चे की गर्दन पकड़कर जबरदस्ती खिलाना (जैसेकि क्रेचों में होता है।)। क्रेच में दुष्ट बच्चों के साथ ऐसा ही बर्ताव होता है। फिर से देखें—ये सब मनोवैज्ञानिक चांटे, बच्चे को तोड़कर रख देते हैं।

आप इसका सामना कैसे कर सकते हैं? क्या चौबीस घंटे टीचर के सिर पर खड़े रहेंगे?

यदि आप ध्यान से देखें तो पाएंगे कि घर में बच्चे के बुरे बर्ताव को नियंत्रित न करनेवाले माता-पिता बच्चे को दुनिया का वास्तविक रूप नहीं दिखा पाते। बेचारा बच्चा दुनिया में यही भाव लेकर जाता है कि वह जिस तरह माता-पिता व दादा-दादी का दुलारा था, यहां भी वैसा ही दुलार पाएगा। जब कोई साथी या अध्यापक उसके इस आनंद भवन को चकनाचूर कर देता है तो वह बाहरी दुनिया के लिए स्वयं को अनुपयुक्त मान लेता है। बाहरी दुनिया की कठोरता से सामना; उसे असुरक्षित, अंतर्मुखी व सबसे कटा हुआ बना देता है। हो सकता है कि घर में

यदि आपको एक नन्हे बच्चे के तमाचा खाने व टूटने की घटना सुन कर सदमा लगा है तो अपने प्री-स्कूल को ध्यान से याद करें—ऐसी कठोरता हर जगह होती है।

उसका स्वभाव व अभद्र व्यवहार वैसा ही रहे क्योंकि वह उसे छोटे से समय में ही अपना सारा गुस्सा व कुंठा निकाल लेना चाहता है। मैं इन बच्चों को 'घर में शेर–बाहर मेमने' कहता हूं।

इसका समाधान क्या है?

यह तो साफ है कि बच्चों को, आज नहीं तो कल, इस कठोर जगत का सामना तो करना ही होगा। एकमात्र समाधान यही है कि पूरी दुनिया को बदलने की बजाए (अध्यापक व साथी) अपने-आप ही धीरे-धीरे बदलाव लाएं। अपने बच्चे के व्यवहार की जिम्मेवारी लें व उसे बेहतरी के लिए सुधारें। 'क्यों' व 'कैसे', मैं इस पुस्तक में, विस्तार से यही चर्चा करूंगा पर परिवर्तन लाने की वह संकल्प शक्ति आपके भीतर से ही विकसित होगी।

तैयार हैं?

बुद्धिमता का सूत्र : *जब दुनिया आपके बच्चे के दुर्व्यवहार को सुधारती है तो उसकी मानसिकता पर गहरा दाग छोड़ती है, क्यों न आप स्वयं यह कार्य करें।*

    क्यों मेरा बच्चा अशिष्ट व्यवहार करता है

भाग–I
दुर्व्यवहार के कारण

☞ मैं एक मित्र की बिटिया की जन्मदिन की दावत में गया। वहां मेरी भेंट अपने मित्र के भाई से हुई–उनके साथ उनका चार वर्षीय पुत्र भी था–जो शीघ्र ही लोगों की चर्चा का विषय बन गया। कारण यह था कि हममें से किसी ने भी उसके जैसा बच्चा, पूरे जीवन में नहीं देखा था–या इस हद तक उत्पात मचानेवाला बच्चा नहीं देखा था। उस नन्हे लड़के ने दो

बुरी आदतों की उत्पत्ति

बुरी आदतों व दुर्व्यवहार की उत्पत्ति अनुशासन-भंग में छिपी है। ये आदतें कितनी गहराई तक गई हैं, यह इस बात पर निर्भर करता है कि जब पहली बार वह बुरी आदत दोहराई गई तो उसके लिए आपकी आरंभिक प्रतिक्रिया क्या थी और धीरे-धीरे आपने कैसे उस आदत को स्वीकारा या नकारा।

बच्चों की ठुकाई लगाई–जिनमें से एक उससे बड़ा भी था, कुछ प्लेटें तोड़ीं, सजावट के लिए लगे सभी गुब्बारे फोड़ दिए, उन वेटरों को ठोकरों से मारा जो काबू करने गए थे और 1 साल की बर्थ-डे गर्ल के गाल पर काट खाया–यह सब केवल एक घंटे में हुआ। जब मैंने उसे डराना चाहा व कहा कि मेरे पास तंग करनेवाले बच्चों के लिए इंजेक्शन होता है, तब मुझे यह जानकर सदमा लगा कि साइज व स्टेटस (डॉक्टर होने के) का उसकी आक्रामकता पर कोई प्रभाव नहीं हुआ। उसने मेरी पिण्डली पर जोरदार किक से मुझे मेरी जगह पहुंचा दिया। जब मैंने उसे कसकर थामा तो उसे लगा कि यहां वो कोई बराबर की टक्करवाला मिल गया था, अब उसने आखिरी हथियार इस्तेमाल करते हुए गला फाड़-फाड़कर चिल्लाना शुरू कर दिया। जल्दी से उसके माता-पिता मंच पर आ गए जो अब तक मूक दर्शक बने बैठे थे; उनका कहना था कि अगर बच्चे को न बहलाया तो वह घंटों इसी तरह तमाशा खड़ा कर सकता है।

बेशक, इस घटना के बाद तो चर्चा का एक ही विषय था–दुर्व्यवहार व इसके कारण।

मनोवैज्ञानिक रूप से अभद्र व्यवहार के कारणों को दो विभिन्न स्तरों पर जान सकते हैं। बाह्य स्तर के कारण–अभद्र व्यवहार के ये कारण प्रत्यक्ष व स्पष्ट होते हैं। इनके पीछे ऐसे कारण होते हैं जो वातावरणीय हैं, और वे ही समस्या की जड़ हैं। ये छिपे कारक ही वे कारण हैं जो किसी बच्चे में मानसिक बदलाव लाते हैं जिनके कारण बच्चा अपने अभद्र व्यवहार से, प्रत्यक्ष कारणों पर प्रतिक्रिया देता है।

आईए इन्हें एक-एक कर जानें :

1. प्रत्यक्ष कारण...
माता-पिता की शिक्षा

मेरा तो यही मानना है कि बच्चे के अभद्र बर्ताव का मूल कारण यही होता है कि माता-पिता ने उसे ऐसा करने की शिक्षा दी है।

जी हां! बच्चा अभद्र तरीके से पेश आता है क्योंकि माता-पिता उसे अभद्रता सिखाते हैं :

बड़ी विचित्र-सी बात है किंतु उतनी ही सच भी है; जब शिशु का जन्म होता है तो उसकी मानसिक अवस्था शुद्ध होती है—एक खाली हार्ड डिस्क, जिस पर केवल जीवन रक्षक तंत्र ही भरे होते हैं। बाकी सब-कुछ आपके द्वारा, उसके मस्तिष्क में प्रोग्राम होता है—माता-पिता, उनके कार्य या परिवार के वे सदस्य, जिन पर बच्चा नजर रखता है।

मुझे पता है कि तकरीबन माता-पिता कहेंगे—पर डॉक! वह तो एक बच्चा है। वह तो अभी कुछ कहने/समझने/प्रतिक्रिया देने/बात को तोड़-मरोड़कर

प्रस्तुत करने/अपने बर्ताव में बदलाव लाने...के लिए हमारा निरीक्षण नहीं कर सकता, वह बहुत छोटा है।

ये माता-पिता अपने बच्चे की क्षमता का उचित अनुमान नहीं लगा पाते।

–उनकी आंखें खोलने के लिए मैं नर्सरी में नवजात शिशुओं के साथ हुआ अपना अनुभव बांटना चाहूंगा। हम-सब जानते हैं कि जब बच्चा किसी तकलीफ में हो या उसे कुछ चाहिए हो, तो वह रोता है। हम मान लेते हैं कि बेचैनी की दशा में यह उसकी स्वाभाविक प्रवृत्ति व प्रतिक्रिया है। यह काफी हद तक सच भी है, पर पूरी तरह से नहीं। मैं बताता हूं, कैसे? जब इन नवजातों को हमारे अस्पताल में लाया गया तो वे भूख लगने पर रोते थे। पर दो ही दिन में उन्हें एहसास हो गया कि रोना बेकार था क्योंकि नर्सें काफी व्यस्त रहती थीं, वे उन्हें तयशुदा समय पर ही दूध देने आतीं। इस तरह, वे कुछ मिनट से ज्यादा रोते ही नहीं थे।

उनमें कुछ सुधार आया, तो उन्हें मां के कमरे में भेज दिया गया। मैंने ध्यान दिया कि मां के पास जाते ही, पहले ही दिन एक शिशु भूख लगने पर तब तक रोया, जब तक उसे दूध नहीं मिला; जबकि वहां तीन घंटे से पहले उसकी आवाज तक नहीं आती थी। मतलब उन्होंने कुछ ही घंटों में सीख लिया कि वे जिस कमरे में भेजे गए हैं, वहां नियुक्त महिला (मां) उन्हें रोते ही उठाकर दूध देने लगती है–तो अब रोने का फायदा दिखाई देने लगा।

तो आपने भी देखा न कि नवजात अवस्था में भी शिशु आसपास के वातावरण व घटनाओं से कितनी तेजी से सीखता है। वे बहुत बारीकी से 'माता-पिता व परिवार के अन्य सदस्यों' का निरीक्षण करते हैं। यहीं से उनके अपने व्यवहार की नींव पड़ती है। अब मैं बताता हूं कि आप किस तरह अपने कार्यों से उसे अभद्र व्यवहार की शिक्षा देते हैं :

जैसेकि आपने देखा, नन्हे से बच्चे को भी माता-पिता ने सिखा दिया कि वे उसका रोना नहीं सह सकते। रोने से उत्पन्न भयभीत प्रतिक्रिया नवजात के मन में बस जाती है, वह जान जाता है कि रोकर तो कुछ भी

   क्यों मेरा बच्चा अशिष्ट व्यवहार करता है

पा सकते हैं। जैसे-जैसे वह बड़ा होता है, माता-पिता उसकी नाजायज मांगें पूरी करते जाते हैं क्योंकि वे उसे रोता नहीं देख सकते। देखें कि यह कैसे काम करता है:

→एक नन्हा बच्चा कुछ चाहता है। (जैसे खिलौना)

⇩

→आप कहते हैं 'न'।

⇩

→बच्चा जिद पर अड़ा रहता है व गिड़गिड़ाता है।

⇩

→आप कड़ाई से इंकार करते हैं।

⇩

→बच्चा लोगों के बीच चीखता-चिल्लाता है; ऊटपटांग बोलते हुए फर्श पर लोटने लगता है। आपको भावनात्मक रूप से ब्लैकमेल करता है। आप मुझे प्यार नहीं करते....।

⇩

→आप शर्मिंदा होकर, उसे वही दे देते हैं, जिसे कुछ देर पहले देने से मना कर रहे थे।

⇩

→बच्चे ने क्या सीखा—मां-बाप को सताओ, अभद्र बर्ताव करो—पुरस्कार पाओ।

⇩

→अगर ऐसी घटनाएं →बार-बार घटें तो बच्चे को पक्का यकीन होता जाता है कि वह रो-पीटकर, इमोशनल ब्लैकमेल करके कोई भी काम निकलवा सकता है।

⇩

→माता-पिता के अधिकार व सम्मान का क्षय।

⇩

→बच्चे का और भी अभद्र व्यवहार

तो चाहे-अनचाहे व अनजाने में ही सही, आप बच्चे के गलत बर्ताव को पुरस्कृत करते हुए, उसे अभद्र व्यवहार करने की शिक्षा देते हैं।

समाधान : यदि बच्चे की मांग/काम जायज है तो पहले से ही 'न' मत कहें। यदि आपको लगे कि कोई चीज़ उसके लिए नहीं है तो अपनी बात पर टिकें। सिर्फ इसलिए गलत निर्णय न लें कि बच्चा रो रहा है। गलत बर्ताव कर रहा है या आपको सबके बीच शर्मिंदा कर रहा है।

बुद्धिमता का सूत्र : कहीं-न-कहीं आपकी शिक्षा ही बच्चे के दुर्व्यवहार को बढ़ाने का कारण बनती है।

क्यों मेरा बच्चा अशिष्ट व्यवहार करता है

2. प्रत्यक्ष कारण...
अपना वादा पूरा न कर पाना

हम अपने राजनेताओं के बारे में अच्छी राय नहीं रखते व न ही उन्हें पूरा आदर-मान देते हैं, क्यों? क्योंकि जो वे कहते हैं, वैसा करते नहीं! जैसे-वे अपने वादे नहीं निभाते। अब, जरा हम स्वयं को तो देखें—क्या हम अपने वादे निभाते हैं?

खासतौर से अपने बच्चों से किए गए वादे? आपमें से कुछ कह सकते हैं कि वे हर-रोज़ वादे नहीं करते। माना, हममें से सभी वादे करने का दावा नहीं करते किंतु वादे की परिभाषा से तो अर्थ निकलता है कि कुछ करने की घोषणा या काम से उस समय करना। उस नजरिए से तो हम नन्हे बच्चे के सामने जो भी कहते हैं या निर्णय लेते हैं, वही हमारा वादा बन जाता है।

इस बात को ध्यान में रखें तो हमें बच्चे को कहनेवाली हर बात को ध्यान में रखना चाहिए। इस बिंदु पर, मुझे कई माता-पिता आश्वस्त करते हैं कि वे

बच्चे को जो भी दिलाने का वादा करते हैं, उसे अवश्य खरीद देते हैं—तो उनका बच्चा बुरा बर्ताव क्यों करता है? मैं उनसे एक सादा-सा सवाल पूछता हूं—क्या आप बच्चे को दी गई सारी धमकियां पूरी तरह से निभाते हैं?

अब वे उलझन में पड़ जाते हैं क्योंकि उन्होंने कभी भी धमकी को वादा नहीं समझा था। तथ्य यह है कि वादा तो वादा ही होता है—फिर चाहे वह पुरस्कार का हो या फिर सजा का। यदि वादा पूरा न हो, तो दोनों ही मामलों में इसके विनाशकारी प्रभाव सामने आते हैं।

वादा पूरा न होने के दुष्प्रभाव : यदि किसी दण्ड व पुरस्कार से जुड़ा कोई वादा पूरा न किया जाए तो वह कई तरह के बुरे बर्तावों का कारण बन जाता है। मैं आपको दिखाता हूं, कैसे?

→बच्चा दुर्व्यवहार करता है (जिद करते हुए जमीन पर लोटता है व मांग मनवाना चाहता है। आपकी एक नहीं सुनता। लोगों के बीच चिल्लाने लगता है...।)

⇩

→आप उसे जबरदस्त सजा देने की धमकी देते हैं। (मैं तुम्हें...अंधेरे कमरे में बंद कर दूंगा। यहां छोड़कर चला जाऊंगा। डॉक्टर से इंजेक्शन लगवा दूंगा। कसकर थप्पड़ मारूंगा...।)

⇩

→बच्चा बुरा बर्ताव जारी रखता है/ लोगों के बीच चिल्लाता है/ उल्टी-सीधी बातें कहता है...।

⇩

→आप शर्मिंदा होते हैं व जिस धमकी का वादा किया था, उसे भुलाकर, वही चीज़ (खिलौना) दे देते हैं, जिसका कुछ मिनट पहले तक आप सख्त विरोध कर रहे थे।

⇩

→बच्चे को क्या सबक मिला—माता-पिता अपनी धमकी को पूरा नहीं कर सकते—इसलिए उनकी धमकियों से उसे कोई मतलब नहीं है। वह जब जी चाहे बुरा बर्ताव कर सकता है।

⇩

यदि ऐसी घटनाएं →बार-बार घटें—माता-पिता का अधिकार घटता चला जाता है व बच्चे को अनुशासित करने की क्षमता समाप्त हो जाती है।

(भाग–अ की घटना याद करें।)

अब इसके विपरीत परिदृश्य पर नजर डालें :

→एक छोटा बच्चा अच्छा काम करता है। (कक्षा में पहले स्थान पर आता है। सही समय पर गृहकार्य पूरा करता है। मेज पर सामान रखवाता है। मेहमानों की सेवा आदि करता है।)

⇩

→आप प्रसन्न होकर पुरस्कार देने का वादा कर देते हैं। उसके मनपसंद रेस्त्रां में जाना/मनचाही चॉकलेट/मनचाहा खिलौना...

⇩

→बच्चा प्रसन्न व प्रोत्साहित है

⇩

→फिर आप भूल जाते हैं

⇩

→बच्चा कई बार याद दिलाता है

⇩

→आप व्यस्तता के कारण टालते हैं। यदि तनाव में हो तो उसके आग्रह के लिए फटकार भी सकते हैं।

⇩

→बच्चे ने क्या सीखा–अच्छा व्यवहार/कामों का इनाम नहीं।

⇩

यदि ऐसी घटनाओं का दोहराव हो→बच्चा धीरे-धीरे मानने लगेगा कि आप अपनी बातों का मान नहीं रखते, तो ऐसा काम करने से क्या लाभ, जिसमें इनाम मिलने का वादा शामिल हो।

⇩

माता पिता के अधिकार व उनके प्रति आदर-मान में कमी।

इस प्रकार माता-पिता की ओर से होनेवाली ये छोटी-छोटी भूलें, बच्चे के गलत व्यवहार का कारण बन जाती हैं।

याद रखें– • अच्छा काम→इनाम का वादा→अच्छे काम को प्रोत्साहन। • बुरा काम→इनाम/वादे के हिसाब से सजा न देना→अच्छा काम न करने को प्रोत्साहन।

समाधान—सदा—जो भी कहें, उसके प्रति सावधान रहें।

1. **एक न्यायपरक वचन :** जैसेकि मैंने कहा, जो भी कहें, सोचकर कहें। आपके मुख से निकला हर शब्द बच्चे को वादा लगता है। बिना सोचे-समझे हल्के शब्दों में धमकी न दें। यदि बच्चा अनुशासन तोड़े या बात न माने तो अंत में धमकी पर आएं व उसे पूरा भी करें। इनाम के वादे के साथ भी यही करना आवश्यक है।

2. **सजा व दण्ड के मामले में विवेकी व तार्किक रहें :** दण्ड व पुरस्कार के मामले में बच्चे आपके लाड की बजाए तर्क को वरीयता देते हैं। माता-पिता ही बिना कोई तार्किक व्याख्या दिए, गलत रास्ते पर ले जाते हैं। यदि आप बच्चे को समझाना चाहते हैं कि उसकी मांग पूरी क्यों नहीं हुई तो बेशक वह भी आपकी आज्ञा का पालन करेगा व मान रखेगा।

3. **अपनी बात से न पलटें :** यदि आपने कड़ाई से किसी बात के लिए न कह दिया तो किसी भी तरह के दबाव में आकर बात से न पलटें। बच्चे के मन में यह बात न जमने दें कि आपकी बात का कोई मोल नहीं है, उसे तो आसानी से कभी भी बदल सकते हैं।

4. **प्राकृतिक परिणाम :** बच्चे को बार-बार धमकाने की बजाए, उसे प्राकृतिक परिणाम भुगतने दें (यदि वे हानिकारक न हों), जैसे आप एक हाइपर बच्चे को बार-बार खाने की मेज से उठने के लिए टोकते हैं, वह नहीं सुनता तो अगली बार जब वह (बच्चा) कमरे का चक्कर लगाकर लौटे तो देखे कि उसका मनपसंद सैंडविच वहां से गायब है और उसकी जगह खाने को कुछ नहीं मिल रहा।

5. **अनुशासन की नीति अपनाएं :** नीति ऐसी हो, जो माता-पिता दोनों को स्वीकार्य हो वरना दोनों में से एक तो किसी काम के लिए धमकाएगा पर दूसरा उसे अनदेखा कर देगा। इस तरह बच्चा संदेहग्रस्त रहेगा व आपस में माता-पिता को उलझाने या दादा-दादी को उलझाने का अच्छा मौका पा लेगा।

6. **माता-पिता के बोलने की टोन :** किसी भी बुरे व्यवहार के समय धमकाते हुए, माता-पिता के बोलने की टोन या सुर बहुत मायने रखता है। हमारे शब्दों में छिपी भावनाएं अक्सर इसी टोन से झलकती हैं। जैसेकि मेरी बेटी नियति अक्सर कहती है ... में तो बात के अंत में मॉम के मुंह निकली हूं...पर ध्यान देना होता है। वहीं से पता लगता

 क्यों मेरा बच्चा अशिष्ट व्यवहार करता है

है कि उनकी धमकी या अपेक्षित सजा में कितनी गंभीरता है। तो बच्चे को शब्दों से नहीं बल्कि हमारी टोन से संदेश मिलता है।

अंत में एक सलाह : यदि आप अपनी धमकी को पूरा नहीं करते तो बच्चा इसे स्नेह का सूचक नहीं मानता बल्कि आपकी अयोग्यता के रूप में लेता है। उसे लगता है कि यह आपकी कमजोरी है। आप अपने वचन निभाने में जितने असफल होंगे–वह आपकी कमजोरी का उतना ही फायदा उठाएगा। फिर वह आपका सम्मान करना भी छोड़ देगा। उसे लगेगा कि आपको तो कभी भी उल्लू बनाया जा सकता है। यदि उसने रो-पीटकर आपकी धमकी व सजा को पुरस्कार में बदलवा लिया तो उसका यह विश्वास और भी पक्का हो जाएगा। जब वह किशोर होकर, सार्वजनिक रूप से आपको अपमानित करता है तो यह रवैया वाकई असहनीय हो जाता है। तभी माता-पिता को यह सोचना पड़ता है कि आखिर उनसे पालन-पोषण में कहां गलती हो गई।

मैं सलाह दूंगा कि आप पहले से ही इस पर विवेकपूर्ण चिंतन करें व जो भी निर्णय लें (सजा या पुरस्कार), उसे पूरी तरह से निभाएं। एक दिन वह इसके लिए आपका आभार व्यक्त करेगा व उम्मीद करता हूं कि आप भी मुझे इस परामर्श के लिए धन्यवाद देंगे। याद रखें, यदि बच्चा आपका सम्मान करता है तो निश्चित रूप से उसका दुर्व्यवहार घटता जाएगा। जी हां...सम्मान ही संबंधों की चाबी है...।

बुद्धिमत्ता का सूत्र : '*अपनी धमकी को पूरा न कर पाने*' *या* '*किसी पुरस्कार का वादा पूरा न कर पाने की अयोग्यता*' *ही बच्चे को दुर्व्यवहार की ओर ले जाती है।*

3. प्रत्यक्ष कारण...
सम्मान का अभाव

याद रखें : जब बच्चा आपका सम्मान करेगा, तभी आपकी आज्ञा का पालन करेगा...

कल रात ठंडी कोला पीने के बाद तो रूबल की खांसी और भी बिगड़ गई फिर उसने जो दूध पिया था, वह भी उलट दिया। मैंने चार दिन पहले उस मरीज के लिए कहा था : कोल्ड ड्रिंक, आइसक्रीम, दूध व चॉकलेट न दें। मैंने सफाई मांगी : जब मैंने मना किया था तो आपने दूध व कोला क्यों दिया? —यह मानता ही नहीं, लगातार दूध या कोला लेने की जिद करता है, अगर बात न मानो तो पागल कुत्ते की तरह चीख-चीखकर पूरा घर सिर पर उठा लेता है। इसके रोने के कारण पड़ोसियों में भी शर्मिन्दगी उठानी पड़ती है। हारकर मुझे ही झुकना पड़ता है।

   क्यों मेरा बच्चा अशिष्ट व्यवहार करता है

रूबल को अपनी शिकायत सुनकर डर लगा। उसे पिछली बार टीका लगा था, उसने सोचा कि कहीं इस बार भी मां की शिकायत के कारण इंजेक्शन न लगवाना पड़े। उसने मां का मुंह बंद कराने के

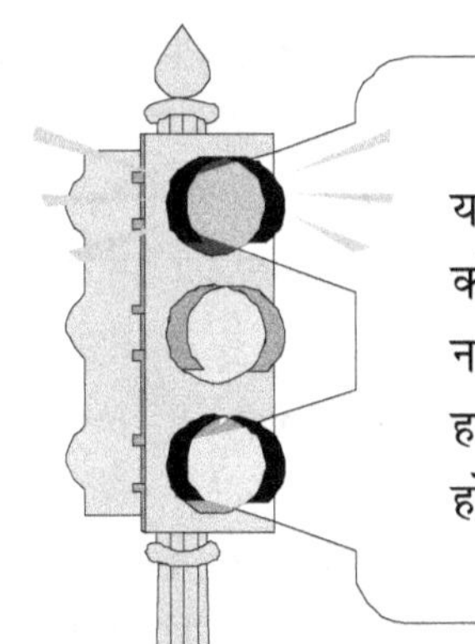

लिए उसकी बाजुएं खींचीं व उसके चेहरे पर थप्पड़ लगाना चाहा। मां ने उसे कसकर थामा व शिकायतों की टेप फिर से चालू कर दी। एक पल के लिए लगा कि स्थिति काबू में है पर रूबल ने मां को रोकने की कोशिश में दोनों मुट्ठियों में उसके बाल भींच लिए। मां उसी समय चुप हो गई क्योंकि उसकी आंखों में आंसू भर आए थे।

रूबल की आंखों में विजेता का भाव था। मां हमेशा की तरह धमकी देने लगी कि वह पापा से उसकी शिकायत कर देगी। रूबल ने ये धमकी सुनी तो झट से मां के मुंह पर थूका व उसे मारते हुए चिल्लाया–'कुत्ती'।

मेरे नियमित मरीजों में, रूबल ही सबसे ज्यादा दुर्व्यवहारी है। इसका कारण जानना कोई मुश्किल नहीं है। वह मां-बाप की बात बिल्कुल नहीं मानता न उनकी इज्जत करता है न ही उनकी परवाह है।

बच्चा माता-पिता की आज्ञा का पालन तभी करता है, जब उसे लगता है कि वे उससे कहीं अधिक सक्षम, बुद्धिमान, अनुभवी व समर्थ हैं। वह अपने माता-पिता का इतना सम्मान करता है कि उसे लगता है–उनका कहा अकाट्य सत्य है, जिसे कोई नहीं बदल सकता। तो वे अचानक पूजित प्रतिमाओं से साधारण मनुष्य में कैसे बदल जाते हैं?

सम्मान में अभाव के कारण :

1. जैसाकि पिछले अध्याय में कहा गया, माता-पिता दण्ड अथवा पुरस्कार देने का वादा पूरा करने में अयोग्य रहते हैं। इससे माता-पिता बच्चों की नजरों में सम्मान खो देते हैं।

2. अपनी अयोग्यता को बार-बार स्वीकारना भी माता-पिता के अधूरेपन

का संकेत देता है। वे बार-बार कहते हैं कि बच्चे पर शासन नहीं कर पा रहे, उसे संभाल नहीं पा रहे। 'मानता ही नहीं', उस बच्चे की मां के इन शब्दों पर गौर करें। जब मां ने बच्चे के आगे हथियार ही डाल दिए तो वह उससे कैसे सम्मान की अपेक्षा रख सकती है। ऐसी बारंबार स्वीकृति से बच्चे को लगता है कि उसके माता-पिता नकारा हैं।

3.	एक दृढ़ चरित्र के अभाव व चारित्रिक दोषों के कारण भी माता-पिता अपना सम्मान खो देते हैं। ऐसा गैर-कामकाजी मांओं के साथ होता है। वे बार-बार बच्चे के सामने दर्शाती है कि उन्हें दीन-दुनिया की कोई खबर नहीं है। जब स्कूल में अध्यापिका से मिली जानकारी के बल पर बच्चा घर में मिली सीमित जानकारी व ज्ञान की तुलना करता है तो उसे एहसास होता है कि उसकी मां कितनी मूर्ख थी। अक्सर माएं बच्चे को डराने के लिए कहती हैं कि भूत या हौव्वा आ जाएगा। जब बच्चा तीन साल की आयु में स्कूल जाता है तो उसे वहां जाकर पता चलता है कि 'भूत' नाम की कोई चीज नहीं होती। ऐसे में वह अज्ञानी मां के प्रति अपना सम्मान खो देता है।

4.	यदि माता-पिता में ऐसी कोई खराबी या आदत है–जो उन्हें दूसरों के सामने नीचा बनाती है तो ऐसे में भी बच्चा उनका सम्मान करना छोड़ देता है। जैसे–शराब पीना, गाली बकना आदि। ठीक इसी तरह जो मां-बाप अपनी आय से बच्चे का उचित पालन-पोषण नहीं कर पाते, वे भी बच्चे की नजरों में सम्मान खो देते हैं।

5.	यदि आप सजा देने का भार दूसरे पर डालती हैं, तो भी बच्चे की नजरों में अपना सम्मान खोती हैं। 'पापा आकर सबक सिखाएंगे,' 'मैडम से कहूंगी कि तुम्हें सबक सिखाए' या 'अगर कोल्ड ड्रिंक मांगी तो डॉक्टर से कहकर इंजेक्शन लगवा दूंगी'–बच्चे को लगता है कि बाकी लोग तो उस पर शासन करने के योग्य हैं पर उसकी मां किसी काम की नहीं है।

6.	माता-पिता के बीच सम्मान का अभाव! जब माता-पिता में से कोई एक-दूसरे का सम्मान नहीं करता तो बच्चा भी वही सीखता है। यदि पत्नी अपने पति को सम्मान नहीं देती तो बच्चे के मन में भी वही बात बैठ जाती है कि किसी बड़े को सम्मान न देना एक स्वीकृत तथ्य है।

क्यों मेरा बच्चा अशिष्ट व्यवहार करता है

7.   **माता-पिता व दादा-दादी का संघर्ष :** माता-पिता जब बच्चों के सामने ही उनके दादा-दादी को लताड़ते हैं तो वे बच्चों की नजरों में सम्मान खो देते हैं। जब वे अपने माता-पिता का अनादर करते हैं तो बच्चे को भी बुरा बर्ताव करने का प्रमाण-पत्र मिल जाता है। इससे माता-पिता व बच्चे के बीच बने बुनियादी संबंध को टूटकर बिखरते देर नहीं लगती।

इस समस्या का समाधान क्या हो? (अध्याय 2-3 देखें)।

बुद्धिमता का सूत्र : *एक दुर्व्यवहारी बच्चा इस बात का संकेत देता है कि वह अपने माता-पिता या दोनों में किसी एक का आदर नहीं करता।*

भाग II
मूल कारण–संघर्ष

आइए, अब आपके बच्चे के दुर्व्यवहार के मूल कारणों को जानने का प्रयास करें। कुछ ऐसे कारण भी होते हैं, जिनके कारण; पिछले अध्यायों में वर्णित 'स्पष्ट व प्रत्यक्ष कारण' दुर्व्यवहार का रूप लेते हैं।

यद्यपि ये कारण बहुत विविध हैं व सामाजिक तथा पर्यावरणीय कारकों पर निर्भर करते हैं, वातावरण में संघर्ष की उपस्थिति इसका मूल कारण है; जिसमें बच्चे का पालन-पोषण होता है। यह संघर्ष माता-पिता व उनके माता-पिता, भाई-बहनों में या माता-पिता व संतान के बीच हो सकता है। इनमें से अनेक संघर्ष प्रत्यक्ष कारण की ओर ले जाते हैं; जैसे सम्मान का अभाव।

इन्हें एक-एक कर जानें :

क्यों मेरा बच्चा अशिष्ट व्यवहार करता है

एरिकसन की पहली अवस्था

मूल विश्वास बनाम अविश्वास

जन्म से लेकर 18 महीनों तक—

—यदि शिशु को सही समय पर भोजन-पानी मिले तो उसके मन में मां के प्रति विश्वास का भाव पैदा होता है।

—यदि उसे अनजान हाथों (क्रेच/प्ले स्कूल) में छोड़कर जबरन अनुशासन लादा जाए तो उनमें काफी अविश्वास का भाव पैदा होता है →वे घर में शेर तथा बाहर मेमना बन जाते हैं।

—इस प्रकार इनमें पढ़ाई के लिए भी फोबिया पैदा होता है तथा वे स्कूली शिक्षा पाने में असफल रहते हैं; जैसे 'हाथ पर स्टार' बनाने जैसी बातों को प्रोत्साहन देने की बजाय उसे रोक दिया जाना चाहिए।

1. भ्रमित आदेशों का संघर्ष

मम्मा बुद्धु (मॉम को अक्ल नहीं हैं)

हम कितनी बार छोटे बच्चों को यह कहते सुनते हैं। बेशक वह भोलेपन में यह बात कहता है किंतु फिर भी पता चलता है कि वह अपनी ओर आ रहे भ्रमित आदेशों को जानने में असमर्थ होने पर ऐसा कह रहा है। कम्प्यूटर की तरह हमारा दिमाग 'बैड कमांड या फाइल नेम' जैसा काम नहीं कर पाता। इसे तो अपनी जानकारी के हिसाब से उस पर कार्य करना ही पड़ता है। बच्चे का अपरिपक्व मस्तिष्क भ्रमित होता है व दुर्व्यवहार करने लगता है।

ऐसा भ्रमित संप्रेषण इसलिए होता है क्योंकि कहीं-कहीं तो माता-पिता ही इतने परिपक्व नहीं होते कि वे जान सकें—उन्हें बच्चे से क्या चाहिए या अपनी बात बच्चे तक कैसे पहुंचानी है। यहां कुछ सामान्य प्रसंग दिए गए हैं, जहां बच्चा भ्रमित संकेत पाकर बुरा बर्ताव करता है :

क्यों मेरा बच्चा अशिष्ट व्यवहार करता है

1. **आदेशों में द्वैत :** एक ही कार्य के लिए माता-पिता अलग-अलग तरह से प्रतिक्रिया देते हैं, जो उनके मूड पर निर्भर करती है। कभी एक ही बात पर मां मुस्कुरा देती है तो कभी उसी बात पर पिटाई हो जाती है। इससे उचित-अनुचित की सीमा-रेखा धुंधली हो जाती है।

2. **आदेशों में स्पष्टता का अभाव :** जब मां हर छोटी-बड़ी बात पर कहती है 'मारूंगी', पर मारती नहीं तो इससे भी अंतर पड़ता है। नहीं, मैं शारीरिक दण्ड की हिमायत नहीं करता और न ही कह रहा हूं कि आप उसे हर गलती पर पीटें पर अगर आप भी शारीरिक दण्ड के खिलाफ हैं तो आपको यह बात कहनी भी नहीं चाहिए। इस तरह तो बच्चा जान ही नहीं पाएगा कि कौन-सी गलती छोटी है व कौन-सा दुर्व्यवहार बड़ा है।

3. **दूसरों के सामने प्रतिक्रिया में बदलाव :** दूसरों के सामने उसी बात के लिए कुछ न कहना, जिसके लिए अकेले में फटकारा था। इस तरह बच्चा आपकी इस कमजोरी को भांपकर नाजायज फायदा लेगा। दूसरों के सामने दुर्व्यवहार की अधिक मात्रा के लिए तैयार रहें।

4. **विरोधाभासी आदेश :** माता-पिता व दादा-दादी के विरोधाभासी आदेश। ऐसा तब होता है जब एक बात पर पिता फटकारे व मां साथ दे। बच्चा भ्रमित संकेत पाता है, वह जान नहीं पाता कि गलत बर्ताव क्या है व उसे करने में क्या बुराई है। ऐसा तब भी होता है जब दादा-दादी माता-पिता द्वारा वर्जित बात को शह देते हैं। अगर कोई माता-पिता बच्चे को फटकारे और उसे दूसरे साथी या माता-पिता से इस काम के लिए टोका जाए तो बच्चे को गलत संकेत मिलता है कि उसकी तो कोई गलती थी ही नहीं। ऐसे बच्चे मां-बाप को अपमानित करने में ही गर्व महसूस करने लगते हैं।

समाधान : माता-पिता व परिवार के दूसरे सदस्यों के आदेश परस्पर अनुकूल होने चाहिए। यदि आप साथी के किसी आदेश से सहमत न हों, तो भी चुप रहें। बच्चे के सामने उसे न टोकें। आप अकेले में तय कर सकते हैं

कि बच्चे को भविष्य में क्या आदेश देना है। यदि उसके सामने आपस में बहस हुई तो इससे पूरे घर की अधिकार भावना क्षीण होगी व बच्चा दुर्व्यवहार के लिए आकर्षित होगा।

बुद्धिमता का सूत्र : जब परिवार में दो वयस्कों द्वारा दिए जा रहे आदेशों के बीच द्वैत होता है तो बच्चा भ्रमित हो जाता है कि वास्तव में दुर्व्यवहार है क्या?

क्यों मेरा बच्चा अशिष्ट व्यवहार करता है

2. उचित-अनुचित का संघर्ष

बच्चे के जीवन का सबसे बुनियादी संघर्ष–उचित-अनुचित का भेद करनेवाली रेखा के धुंधलाने का परिणाम होता है–जैसाकि एरिकसन ने मनोवैज्ञानिक-विकासात्मक अवस्थाओं के सिद्धांत में स्पष्ट किया है।

प्राय: बच्चे अपने माता-पिता की बातों को अकाट्य सत्य मानते हैं। यदि आपने बच्चे को कहा कि कोई चीज़ 'बुरी' है तो वह उसे बुरा ही मानेगा। हालांकि वह अपने स्वभाव के चलते हमेशा उस बात की सत्यता भी परखना चाहेगा (टेस्टिंग द फैंस)। वह हर उस चीज को लेने की जिद करेगा, जिसके लिए मनाही की जाएगी–मैं आइस-टॉली ले सकता हूं? मुझे नया खिलौना चाहिए, मैं आज स्कूल की छुट्टी क्यों नहीं कर सकता।

इसके बाद आप क्या करेंगे, वही उसका भावी व्यवहार तथा चरित्र तय करेगा। इस प्रक्रिया में सबसे पहला साधन आता है–'न' व 'हां'।

तकरीबन मामलों में आप 'न' कहते हैं : अध्ययनों से पता चला है कि एक मां व बच्चे के वार्तालाप में विशेष रूप से 'न' शब्द बार-बार आता

है क्योंकि मां को बच्चे की तकरीबन सभी मांगों व आग्रहों को इंकार करना होता है। बच्चा अधिक-से-अधिक स्वतंत्रता पाने की चाह में, ऐसी चीजों को जानने व समझने का प्रयास करता है, जिनके लिए वह अभ्यस्त नहीं है (उसकी शारीरिक व मानसिक क्षमता के बाहर)। आपको बच्चे के आग्रह पर विचार करने के लिए समय की आवश्यकता पड़ती है, आप झट से 'न' कह देते हैं।

बच्चे अक्सर रो-पीटकर या माता-पिता को ब्लैकमेल करके इस 'न' की चारदीवारी को तोड़ने का प्रयत्न करते हैं। ऐसे में आपको अपनी उस 'न' पर डटे रहना चाहिए।

अक्सर आपका संकल्प बच्चे के आंसुओं से पिघल जाता है। फिर वह **न, न , न→हां** का मामला बन जाता है।

यह दृश्य वहां से आरंभ होता है जब बच्चा टॉपी/चॉकलेट की मांग करता है या बाहर जाने व खेलने की जिद करता है। माता-पिता समझदारीपूर्वक उनकी मांगों को अस्वीकार कर देते हैं। बच्चा रोना-पीटना व जिद करना शुरू करता है। अब माता-पिता के धैर्य व इस बात पर निर्भर करते हैं कि वे किसी एकांत में हैं या सार्वजनिक स्थल पर लोगों के बीच। वे अपनी इज्जत बचाने के कारण जल्दी से उसी बात के लिए हामी भर देते हैं, जिसके लिए थोड़ी देर पहले ही सख्ती से 'न' बोलते हुए कह रहे थे कि कोई मूर्ख ही इस बात की हामी देगा।

यहीं से दुर्व्यवहार का मूल आरंभ होता है।

एरिकसन मनोवैज्ञानिक विकास

मूल संघर्ष

एरिकसन का कहना है कि व्यक्ति विकासात्मक संकट का सामना करते हैं—एक 'सही कार्य' तथा एक संभवतः अस्वस्थ व 'गलत कार्य' के बीच चुनाव का संघर्ष, जो उसके व्यक्तित्व विकास को प्रभावित करता है। वे विकास को एक ऐसे मार्ग के रूप में भी देखते हैं, जिसकी राह में अवस्थाओं के निश्चित लक्ष्य, उद्देश्य, उपलब्धियां व खतरे होते हैं। इस प्रकार वे 8 अवस्थाओं व उनके संघर्षों की चर्चा करते हैं। (हम सुनिश्चित संदर्भों में उनकी चर्चा करेंगे।)

क्यों मेरा बच्चा अशिष्ट व्यवहार करता है

क्यों?—सही-गलत का भेद न कर पाने की आपकी अयोग्यता से बच्चे ने दो सबक सीखें—1. कुछ भी 'सही', 'गलत' नहीं होता। 2. रो-पीटकर, दुर्व्यवहार से कुछ भी हासिल कर सकते हैं।

माता-पिता को एहसास तक नहीं होता कि उनकी ना-ना-हां से बच्चे के दिमाग में यह बात बैठ रही है कि उसे गलत बर्ताव के लिए पुरस्कार मिला है। निश्चित रूप से, आनेवाले समय में, उसकी मांगें व दुर्व्यवहार दोनों में ही वृद्धि होगी। वह हर बार नए-नए पैंतरे आजमाएगा।

समस्या यह है कि कहानी यहीं खत्म नहीं होती। ऐसा बच्चा इसी सोच के साथ दुनिया में कदम रखता है कि वहां भी उसे उसके बुरे बर्ताव का इनाम मिलेगा। जब इन बच्चों को बाहरी दुनिया से, इन बर्ताव के लिए ठोकर खानी पड़ती है तो उन्हें सदमा लगता है। घर में जो सही था, वह बाहर जाते ही गलत सिद्ध हो गया। इससे उनका आत्मविश्वास टूटता है, वे तेजी से पतन की ओर जाने लगते हैं। वे 'घर में शेर–बाहर मेमना' व्यक्तित्व बन जाते हैं। बाहरी दुनिया उन्हें जितना प्रताड़ित करती है, वे घर में उतने ही दबंग होते जाते हैं।

समाधान क्या हो?—यह बिल्कुल सरल है। अपनी 'न' सोच-समझकर कहें। मैं माता-पिता से कहता हूं कि किसी बात के लिए 'न' कहने से पहले तीन बार सोचें। यदि मांग पूरी हो सके तो तो वहीं हामी भर दें; यदि उसे 'न' कहना है तो बात से न पलटें। बच्चे के रोने या गलत बर्ताव करने के बाद उसे 'हां' में न बदलें। आपको 'न', 'हां' कहते समय थोड़ा विचार करना होगा व अपने फैसले पर अडिग होना होगा। किसी समय के मूड के हिसाब से फैसले न बदलें—जिस चीज के लिए 'न' हो, वह हर जगह 'न' ही रहे, हालात के हिसाब से 'हां' में न बदलें।

इस तरह बच्चे को समझ आ जाएगा कि उचित मांग स्वीकृत है तथा अनुचित मांग अस्वीकृत होती है। इससे उसके मन का संघर्ष समाप्त हो जाएगा।

बुद्धिमता का सूत्र : *यदि आप बच्चे की मांग के प्रति एक सटीक निर्णय नहीं ले पाते तो उसके लिए उचित/अनुचित की सीमा-रेखा धुंधली हो जाएगी और दुर्व्यवहार का आरंभ होगा।*

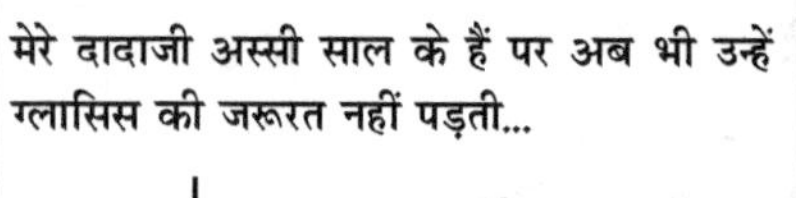

3. परिवार में संघर्ष

घर में होनेवाली कलह या परिवार के सदस्यों के बीच पल रहा तनाव निश्चित रूप से नन्हे बच्चों के व्यवहार को दिग्भ्रांत कर देता है। जब भी परिवार का एक सदस्य दूसरे सदस्य से खुले या गुप्त रूप से लड़ता है तो छोटे बच्चे को बुरा बर्ताव करने का लाइसेंस मिल जाता है। परिवार का यह संघर्ष कई प्रकार का हो सकता है :

➤ जब पति-पत्नी आपस में लड़ते हैं व बच्चों के सामने ही अपशब्दों का प्रयोग होता है तो बच्चा उनके आदेश का पालन करने का नैतिक उत्तरदायित्व खो देता है। यह स्थिति तब और भी भयंकर हो जाती है जब दोनों पक्ष बच्चे को अपनी ओर मिलाने का प्रयत्न करते हैं। इस तरह बच्चा जज की भूमिका में आ जाता है जोकि एक अनुचित कदम है।

➤ दो पीढ़ियों के माता-पिता के बीच संघर्ष! जब बच्चे के माता-पिता उसके सामने ही अपने माता-पिता की अवज्ञा करते हैं तो बच्चे को

क्यों मेरा बच्चा अशिष्ट व्यवहार करता है

आज्ञा देने का नैतिक अधिकार खो देते हैं। यदि इस तरह घर में बड़े भाई-बहन, माता-पिता से जुबान लड़ाते हैं तो बच्चे को भी लगता है कि उसे माता-पिता का कहा मानने की कोई आवश्यकता नहीं है।

➤ बड़े बच्चों से निरंतर संघर्ष व कलह, माता-पिता द्वारा नियंत्रण न कर पाना; छोटे भाई-बहनों को यह सब अपने लिए भी सही लगने लगता है।

➤ यदि माता-पिता के मन में अपने पालन-पोषण को लेकर संघर्ष रहा हो तो इसका घर के अनुशासन पर भारी प्रभाव पड़ता है। वे बच्चों से भी उसी सख्त अनुशासन की अपेक्षा रखने लगते हैं, जिसमें वे स्वयं पले हैं, वे इस बात पर ध्यान नहीं देते कि तब से अब तक कितना समय बदल गया है।

➤ **भाई-बहनों में संघर्ष** : जब नवजात बच्चे को अधिक ध्यान व प्यार मिलता है तो दूसरा भाई-बहन स्वयं को उपेक्षित व तनावग्रस्त पाता है। उसे समझ में नहीं आता कि बेवजह रोने के लिए डांटा क्यों जा रहा है जबकि छोटे बच्चे को तो रोते ही, गोद में लेकर दुलारा जाता है। तब वह सबका ध्यान अपनी ओर खींचने के लिए बुरा बर्ताव करने लगता है।

➤ **लिंग संघर्ष** : परिवारों में जहां, लड़के को लड़की से अधिक प्यार मिलता है, वहां लड़की तनावग्रस्त होकर बुरा बर्ताव करने लगती है या पूरी तरह से अवसादग्रस्त हो जाती है। रोचक बात यह है कि इन मामलों में लड़के की ओर से बुरा बर्ताव और भी अधिक हो जाता है क्योंकि उसे लगता है कि वह तो सबसे आगे है व कुछ भी पा सकता है।

संघर्ष का परिणाम यह निकालता है कि दूसरे परिवारों के लिए मान-सम्मान कम हो जाता है; यही प्रभाव धीरे-धीरे बुरे बर्ताव में बदल जाता है।

बुद्धिमता का सूत्र : परिवार के सदस्यों के बीच लड़ाई-झगड़ा/अपशब्दों का प्रयोग, बच्चों को बताता है कि दुर्व्यवहार पर उसका हक बनता है।

4. उलझे हुए बचपन का संघर्ष

☞ "हैलो डॉक! मुझे सलोनी की जांच करवानी थी। वह पिछले कई सप्ताह से, ढंग से नहीं खा-पी रही।"

"11 बजे ठीक रहेगा?"

"पर वह तो 1:30 बजे स्कूल से आती है। 2:30 बजे उसकी डांस क्लास है।

"आप शाम चार बजे आ जाओ"

"फिर तो 5 बजेवाली टेनिस क्लास छूट जाएगी

"तो शाम 7 बजे?"

"7 से 9 तो ट्यूशन है। अगर डिनर थोड़ा देर से ले तो 10 बजे तक आ पाएगी। ये ठीक रहेगा?"

मैंने बेमन से हामी भर दी।

सलोनी से मिला तो उसके चेहरे पर वही मुर्दनी दिखी जो अक्सर लंबी

क्यों मेरा बच्चा अशिष्ट व्यवहार करता है

बीमारी के बाद चेहरे पर आ जाती है। उसके शरीर में बिल्कुल चुस्ती-फुर्ती व ऊर्जा नहीं थी। पिछले डॉक्टर ने दुनिया-जहान के टेस्ट कर लिए थे, पर कोई नतीजा नहीं निकला था। मैंने उससे उसके मन की बात जानने की ठान ली। काफी लंबी बातचीत के बाद पता चला कि वह स्कूल टेनिस की चैंपियन थी। एक दिन वह टूर्नामेंट में अपेक्षित प्रदर्शन नहीं दे सकी तो मां ने गुस्से में आकर, कोर्ट में ही सबके सामने चांटा मार दिया। उसका सबके सामने बहुत अपमान हुआ। उसने यह भी कहा कि वह उन सभी गतिविधियों से नफरत करती है, जो उसे जबरन करनी पड़ती हैं। मां को यह पता चला तो उसे यह जानकर हैरानी हुई कि सलोनी अपनी गतिविधियों से नफरत करती है, साथ ही यह सुनकर भी आश्चर्य हुआ कि सलोनी ने इतनी छोटी-सी सजा को इतनी गंभीरता से लिया था।

हाई-स्ट्रांग अप्रोच (उलझा हुआ बचपन) : पिछले अध्यायों में आपने जान ही लिया होगा कि पैरेंटिंग की लापरवाही ही बच्चे को बिगाड़ने का प्रमुख कारण होती है; या तो माता-पिता अनुशासन ही नहीं देते या फिर आवश्यकता से अधिक अनुशासन रखते हैं।

> **सावधान : स्वशरित सोसायटी (दिल्ली के स्कूलों से जुड़ी एन. जी.ओ) ने 100 निजी व सार्वजनिक स्कूलों के अध्ययन से पता लगाया कि करीब 60 प्रतिशत बच्चों में तनाव तथा दबाव के लक्षण पाए गए, जिनके माता-पिता उनकी उपलब्धियों से संतुष्ट नहीं थे।**

वहीं दूसरी ओर कुछ ऐसे मूर्ख माता-पिता भी हैं, जो अपनी संतान को बालक मानने से ही इंकार कर देते हैं। वे चाहते हैं कि उनकी संतान एक संपूर्ण व्यक्तित्व के रूप में सामने आए व पूरी दुनिया की प्रतियोगिता का सामना कर सके। वे संतान को सबसे श्रेष्ठ बनाने की चाह में, किसी के भी द्वारा सुझाई गई गतिविधियों में बच्चों को झोंक देते हैं यदि वह उनकी भारी-भरकरम अपेक्षाओं पर खतरा नहीं उतरता तो बेचारे पर मुसीबतों का पहाड़ टूट जाता है।

☞यह घटना मुझे उस अभागे विश्वदीप की याद दिला गई, जो टेबल टेनिस का उभरता खिलाड़ी था। एक दिन अभ्यास सत्र के बाद उसका देहांत

हो गया। इसका दोष पिता पर आया जो अपेक्षित स्तर तक प्रदर्शन न कर पाने के कारण पुत्र को प्राय: पीटते व फटकारते थे। मीडिया व मनोवैज्ञानिकों का मानना था कि पिता का वह अधिक मांगवाला स्वभाव ही पुत्र के लिए जानलेवा हो गया।

वास्तविकता तो यही है कि प्राय: इन मामलों में शुरुआती पालन-पोषण कोमल भाव से होता है किंतु अपेक्षाएं बढ़ने पर, बच्चे पर काफी दबाव बढ़ जाता है।

मुझे तो ऐसे बच्चों पर दया आती है। डेढ़ साल से ही उनकी स्कूली पढ़ाई (हल्कापन बनाए रखने के लिए 'प्ले स्कूल' कह देते हैं) आरंभ हो जाती है। मुझे तो यह भी सुनने में आया है कि मुंबई में दस महीने के बच्चों के लिए भी स्कूल खोले गए हैं, जहां वे अपनी मां के साथ आते हैं। लगता है कि आनेवाले समय में तो शिशु को मां की कोख में ही अल्ट्रासाउंड की मदद से पढ़ाया जाएगा ताकि वह अभिमन्यु बन सके व पांच अलग-अलग भाषाओं में रोते हुए दुनिया में कदम रखे।

मानो स्कूली घंटों की ही कवायद काफी नहीं होती कि इन बच्चों को कई तरह की व्यावसायिक कक्षाओं में भी भेजा जाने लगता है जैसे–खेल की कोचिंग से लेकर मैनर्स क्लास तक! दस साल के होते-होते वे स्कूल➝टयूशन➝होमवर्क➝एक्स्ट्रा क्लास➝पाठ्येत्तर गतिविधियों के दुष्चक्र में फंसा दिए जाते हैं और यह सब इसलिए होता है ताकि वे दुनिया की चूहादौड़ में शामिल हो सकें। उन्हें अपने खेल या मनोरंजन के लिए कोई समय नहीं मिल पाता।

ऐसे उलझे हुए बचपन से बहुत ही असुरक्षित व बदमिजाज व्यक्तित्व पनपते हैं जो तनाव को अपने तंत्र से निकालने के लिए दुर्व्यवहार का सहारा लेते हैं।

समाधान : प्रिय माता-पिता, सबसे पहले तो अपने मन में यह बात साफ कर लें कि आप अपने बच्चे को बनाना क्या चाहते हैं? यदि आप उसे एक श्रेष्ठ प्रदर्शनकर्ता के रूप में देखना चाहते हैं तो उसे आरंभ से ही वैसा माहौल व कड़ा अनुशासन दें। यदि आप ऐसे बच्चे का पालन कर रहे हैं, जो मां-बाप की 'न' तक 'नहीं' सह सकता, तो उस पर अपनी

अपेक्षाओं का बोझ न लादें, उसे अपनी आंतरिक प्रतिभा के हिसाब से अपनी उपलब्धियां स्वयं पाने दें।

जिन बच्चों को आसान व सहज पालन-पोषण के साथ भारी महत्त्वाकांक्षाओं का सामना करना पड़ता है, वे कुछ नहीं कर पाते व दुर्व्यवहारी बन जाते हैं। जो बच्चे अपनी सहज गति से आगे बढ़ते हैं, उनके लिए एक सुव्यवस्थित व शिष्ट व्यक्तित्व बनने के अवसर कहीं ज्यादा होते हैं, जैसाकि आप उनसे चाहते हैं।

बुद्धिमता का सूत्र : *अपेक्षाओं का तनाव व गतिविधियों का दबाव, बच्चे को कुंठित करता है और वह बुरा व्यवहार करने लगता है।*

5. संघर्षरत वातावरण

—घर में अत्यधिक सुरक्षा बनाम वास्तविक संसार की कठोरता।

यहां मैं उन बच्चों की बात कर रहा हूं जो घर में ऐसा वातावरण पाते हैं जो बाहरी दुनिया में मिलनेवाले माहौल से संभवत: बिल्कुल अलग होता है। नतीजन वे घर में शेर (आत्मविश्वासी, हठी व अकड़ू शेर) तथा बाहर (डरे हुए, अनिश्चित व घबराए हुए) बलि के लिए तैयार मेमने बन जाते हैं।

इस अवस्था का विकास कैसे होता है?

⇩

—बच्चा कोई नाजायज मांग करता है।

⇩

—आप इंकार कर देते हैं।

⇩

क्यों मेरा बच्चा अशिष्ट व्यवहार करता है

–वह चीखता है (आवेश में बोलता है)

⇩

–आप बात मानकर झुक जाते हैं।

⇩

–इस तरह बार-बार अभिभावक के सहने की सीमा माप-मापकर वह सीख जाता है कि रोने-चिल्लाने, जिद करने या बाहरी लोगों के सामने तमाशा करने से मांग पूरी हो जाती है।

⇩

–वह इसी मासूमियत के साथ बाहरी दुनिया में कदम रखता है तथा वही प्रयास करता है, जो उसने अब तक किया।

⇩

–वह शिक्षक/प्रशिक्षक/सहपाठी से झिड़की खाता है, थप्पड़ खाता है या अपमानित किया जाता है।

⇩

–उसके मन में यही बात पैठ जाती है कि बाहरी दुनिया व उसके लोग अच्छे नहीं हैं (क्योंकि वे उसे दुलार नहीं देते) और मैं उनसे कोई संबंध नहीं रखता।

एरिकसन की दूसरी अवस्था

स्वायत्तता बनानम शक
18 वें माह से 3 वर्ष तक

यह अवस्था बच्चों के शारीरिक विकास; चलना, शौच-प्रशिक्षण, चीजों को पकड़ना आदि जैसी महत्त्वपूर्ण चीजों को सीखने का समय होता है, जो उसमें आत्मविश्वासी व्यक्तित्व का विकास करता है।

कुछ प्रयास स्वायत्तता (स्वतंत्रता) के लिए भी होते हैं।

यहां अधिकतर माता-पिता उलझन में पड़ जाते हैं; वे या तो उसे अधिक स्वतंत्रता देते हैं या अधिक सुरक्षा।

यदि माता-पिता इसमें संतुलन नहीं बना पाते तो बच्चे को अपनी योग्यता पर संदेह होने लगता है।

एरिकसन महसूस करते हैं कि यदि माता-पिता बच्चे पर अधिक संदेह रखते हैं तो जीवनपर्यंत उनमें आत्मविश्वास की कमी पाई जाती है।

ऐसे आत्मविश्वास के निर्माण की प्रक्रिया सिर्फ अकेले शिक्षक/प्रशिक्षक पर नहीं छोड़ी जा सकती।

यह सिफारिश की जाती है कि किसी भी प्रकार की स्कूलिंग बच्चे की तीन वर्ष की आयु के बाद ही आरंभ होनी चाहिए। यदि हो सके तो उसे चार साल के बाद विद्यालय भेजें।

⇩

अब यह स्कूल के दौरान इतना कुंठित हो जाता है कि अपनी कुंठा को निकालने के अवसर खोजता है। घर में उसकी मांगें बढ़ती जाती हैं। यदि मांग पूरी न की जाए तो वह बुरा बर्ताव करने लगता है। घर में जितना अधिक आक्रामक होता है, बाहर उसका व्यवहार उतना ही भीरू होता जाता है।

समाधान क्या हो? : बहुत सरल है। घर में उसे इतना अवास्तविक दुलार से भरा वातावरण न दें कि वह असली दुनियां में पैर ही न जमा सके। ऐसा बच्चा निश्चित रूप से कुंठित हो जाता है। आप घर में उसकी जितनी नाजायज मांगें पूरी करते रहेंगे, उसकी नजरों में आपका आदर-मान घटता जाएगा। जैसाकि पहले भी दिखाया गया है, माता-पिता के प्रति सम्मान में कमी या कुंठा का मेल ही बालक को दुर्व्यवहार की ओर ले जाता है।

बुद्धिमता का सूत्र : यदि घर में बच्चे को लाड-दुलार से भरा अवास्तविक माहौल देते हैं तो वह बाहरी दुनिया में जाकर कुंठित हो जाता है।

6. घर में संघर्ष

"क्या सभी लाड-दुलार पानेवाले तथा जरूरत से अधिक सुरक्षा पानेवाले बच्चे बुरा व्यवहार करते हैं।"

मैं एक दादाजी के मुंह से यह प्रश्न सुनकर बुरी तरह से चौंक गया–"हमें भी बड़ा लाड-प्यार मिलता था पर हमने कभी गलत व्यवहार नहीं किया"–उन्होंने कहा। तभी मुझे अपने दादाजी की याद हो आई, कहते हैं कि वे भी अपने छ: बच्चों को इतना दुलार देते थे कि जिसका कोई अंत नहीं था। पर फिर भी सभी बच्चे सुसभ्य व शिष्ट थे। क्यों? इसके लिए अनेक कारक उत्तरदायी हो सकते हैं–विभिन्न मानसिकताएं, प्रतियोगितामुक्त पालन-पोषण, युवाओं पर मीडिया का प्रभाव न होना, माता-पिता का स्नेही रवैया पर नाजायज बात न मानना, संयुक्त परिवार आदि। इनमें से एक भी कारक वर्तमान के लिए सटीक नहीं रहा पर एक चीज जो पहले थी, वह अब भी है–तनावमुक्त वातावरण। लिंग भूमिका की उचित परिभाषा के साथ घरों में बहुत कम तनाव था तथा प्रसन्ता का माहौल रहता था।

यदि यही संतुष्टि व तनावरहित वातावरण आज भी दिया जाए तो दुलार के बावजूद सुसभ्य बच्चे होंगे। कई संयुक्त परिवार ऐसे हैं, जहां आज भी यही माहौल है। एकल परिवार में भी, यदि मां-बाप कामकाजी हैं तथा परिवार में स्नेहपूर्ण प्रसन्नतादायक माहौल रहता है तो बच्चा बहुत कम दुर्व्यवहार करनेवाला होगा।

वहीं दूसरी ओर, जहां घंटों में, काम की वजह से या माता-पिता के बिगड़ते संबंधों के कारण तनाव होता है, वहां बच्चे में बहुत कुंठा पाई जाती है। नतीजन एक ऐसा शिशु सामने आता है जो असंतुष्ट रहता है, अकारण रोता है व अपनी मांग पूरी न होने पर पूरा घर सिर पर उठा लेता है।

आइए किसी घर की अप्रसन्नता में योगदान देनेवाले कारकों पर एक नजर डालें :

➤ परिवार में माता-पिता की परस्पर भूमिकाओं को लेकर काफी खींच-तान रहने लगी है। एक पढ़ी-लिखी मां की घरेलू कामकाज से अरुचि व कुंठा–इस समस्या का मूल है।

➤ माता-पिता में से एक; विशेषत: मां के लिए सम्मान का अभाव। व्यवसायरत परिवारों में यह प्रवृत्ति अधिक पाई जाती है, वहां मां के स्तर को काफी नीचा समझा जाता है।

➤ माता-पिता की शिक्षा के विभिन्न स्तर भी परिवारों में तनाव का कारण होते हैं। यदि मां पिता से अधिक शिक्षित हो या अधिक सुसभ्य हों तो यह खाई और भी गहरी हो जाती है। यहां बच्चा मां-बाप के बीच बदला लेने व परस्पर कमियां दिखाने का साधन बन जाता है।

➤ डिस्क-घरों (डबल इंकम सिंगल चाइल्ड) में मां-बाप, दोनों ही कामकाजी होते हैं, वे बच्चे को सामान से लादकर, समय की कमी पूरा करने का प्रयास करते हैं।

➤ माता-पिता की विभिन्न आदतें व जीवनशैलियां भी घरेलू तनाव का कारण हैं। घर से बाहर रहनेवाला पिता तथा घर में रहना पसंद करनेवाली मां, बच्चे के लिए तनाव पैदा करते हैं कि उसे अपना वक्त कैसे बिताना चाहिए।

क्यों मेरा बच्चा अशिष्ट व्यवहार करता है

➤ पैसे की खींच-तान—वास्तव में पैसे की कमी की बजाए अर्जित धन को व्यय करने के लिए विभिन्न तौर-तरीके घर की अप्रसन्नता का कारण बनते हैं।

➤ जैसाकि पहले भी कहा जाता है; माता-पिता या दादा-दादी व माता-पिता के बीच भी किसी तरह का संघर्ष; घर की अप्रसन्नता का कारण होता है।

बुद्धिमता का सूत्र : एक अप्रसन्न घर हमेशा कुंठित बच्चे का कारक होता है।

7. भ्रांत लक्ष्यों का संघर्ष

क्या आपने बुरा बर्ताव करनेवाले बच्चों की दुखियारी मांओं को बात करते सुना है? वे प्राय: कहती है, "पता नहीं, ये बच्चा चाहता क्या है?" या "इसने तो मेरा जीना हराम कर रखा है" या "इस बच्चे ने तो मेरी जिंदगी को नर्क बनाने की ठान ली है" ....यकीन करें कि इसमें से कुछ भी सच नहीं होता।

बच्चे के पास बेशक आपसे बदतमीजी करने, रोने, चीखने-चिल्लाने या आपकी जिंदगी नर्क बनाने के अलावा और भी काम होते हैं। इस पूरी प्रक्रिया में केवल आप नहीं बल्कि आपका बच्चा भी प्रताड़ित हो रहा है। कोई भी अपने मन या इच्छा से अप्रसन्न नहीं रहना चाहता। समस्या यही है कि बच्चा वही करता है, जो उसे करने के लिए प्रोग्राम किया जाता है—बस उससे ज्यादा कुछ नहीं!

जी हां! बच्चा बदतमीजी करके आपसे कुछ कहना चाहता है। क्या? **एक**

क्यों मेरा बच्चा अशिष्ट व्यवहार करता है

दुर्व्यवहारी बच्चा क्या चाहता है? वह चाहता है कि उसकी बुनियादी आवश्यकताएं पूरी की जाएं।

बच्चे की चार बुनियादी आवश्यकताएं :

(1) महत्त्वपूर्ण दिखने की आवश्यकता : बच्चा आपकी ओर से ध्यानाकर्षण चाहता है। जिस बच्चे के अधिक चाहनेवाले होते हैं, वह बहुत प्रसन्न रहता है। यह कहावत बिल्कुल सच है कि 'खूबसूरत बच्चे कम रोते हैं।'

(2) प्यार पाने की आवश्यकता : वैसे तो यह ऊपरवाली आवश्यकता से ही जुड़ा है पर यहां यह परिवार के 1-2 सदस्यों से संबद्ध हो सकता है, जो सारा मनोवैज्ञानिक सहारा या स्नेह देते हों।

(3) 'मैं अच्छा हूं' यह महसूस करने की आवश्यकता : यह एक विस्तृत श्रेणी है जिसमें अच्छा दिखने से लेकर अच्छा बर्ताव तक शामिल हो सकता है। जब बच्चे बड़े होने लगते हैं तो वे अच्छे होने का तात्पर्य; कार्य के उचित निष्पादन से जोड़ने लगते हैं।

> कृपया ध्यान दें : रूडॉल्फ डिकर्स ने कहा है कि "बच्चों की देखने व समझने की क्षमता तो अच्छी होती है परंतु वे परिस्थितियों तथा कही हुई बातों का अभिप्राय समझने व उनकी सही रूप में व्याख्या कर पाने में असमर्थ होते हैं। कारणवश वे अपने माता-पिता को गलत समझ लेते हैं। उन्हें ऐसा लगने लगता है कि उन्हें कोई प्रेम नहीं करता। हतोत्साहित बच्चा ही अशिष्ट व्यवहार करता है।"

(4) नियंत्रण पाने की आवश्यकता : उसके ऊपर व उसके साथ जो भी होता है, वह इन बातों के लिए नियंत्रण चाहता है। यह कारक स्कूली बच्चे के लिए अधिक महत्त्व रखता है। जब बच्चा किसी चुनाव की मांग रखता है तो वह वास्तव में यही चाहता है।

इस प्रकार जब बच्चे की उपरोक्त चार में से कोई आवश्यकता पूरी नहीं होती तो वह दुर्व्यवहार करता है। प्राय: यह माता-पिता की भ्रांत व्याख्या व संप्रेषण के अभाव से जन्म लेती है व गलत मान्यताओं की ओर ले जाती है। तभी बच्चा अशिष्ट बर्ताव करता है।

इस प्रकार, माता-पिता के कामों की गलत व्याख्या का संघर्ष

⇩

भ्रांत मान्यताएं

⇩

बच्चे की प्रतिक्रिया–जिसे दुर्व्यवहार माना जाता है

सभी बच्चों का प्रमुख लक्ष्य एक ही है व रहेगा (गलत बर्ताव के दौरान भी)–प्यार व अहमियत पाना। दुर्भाग्यवश, वे प्यार के बारे में भ्रांत मान्यताएं बना लेते हैं व निम्नलिखित की सहायता से प्यार पाना चाहते हैं :

भ्रांत लक्ष्य :

1. बेवजह ध्यानाकर्षण के लिए–

> **आपका अत्यधिक ध्यान चाहनेवाले बच्चों के लक्षण :**
>
> 1. *आपके वार्तालाप के दौरान बीच-बीच में हस्तक्षेप करना।*
> 2. *अपने उन अजीब व्यवहारों को बार-बार दोहराना–जिन पर आपको हंसी आती है।*
> 3. *ध्यान न देने पर आपके बाल खींचना/झिंझोड़ना।*
> 4. *ध्यान न दिए जाने पर चीखना/चिल्लाना*
> 5. *अंतत: आपका झल्लाना भी एक प्रतिक्रिया हो जाएगी।*

भ्रांत मान्यता : प्रेम का अर्थ है 'ध्यान देना'।

भ्रांत लक्ष्य यही है कि ध्यान न पाना–प्रेम न पाना। इस प्रकार वह ध्यान आकर्षित करने के नए-नए तरीके खोजता है। जब वह ध्यान के साथ-साथ पुरस्कार पाने में भी सफल हो जाता है (जिसके लिए वह रो-पीट रहा था)। तो वह व समझ लेता है कि प्यार व महत्त्व पाने का यही बेहतर तरीका है।

इस मान्यता के साथ समस्या : बच्चे को लगने लगता है कि

अगर उस पर ध्यान दिया जाता है, तभी उसे स्नेह मिलता है। यदि वह किसी अच्छे काम से ध्यानाकर्षण नहीं कर पाता तो गलत बर्ताव से ध्यान खींचना चाहता है और यह उसकी आदत में शुमार हो जाता है।

2. आक्रामकता दर्शाना : प्रेम का अर्थ है, मैं जो कहूं वही पूरा हो या मैं तभी संबंध रखता हूं जब मेरी सारी मांगें पूरी हों, चाहे नाजायज ही क्यों न हों।

भ्रांत लक्ष्य : यदि मेरी कही हर बात मानी जाए तो मैं अहमियत रखता हूं यानी आज्ञा पालन न होना या मालिक न समझा जाना =कोई प्यार नहीं करता। यदि ऐसे बच्चों को आज्ञा पालन न करने पर धमकाया जाए तो वे महत्त्व पाने के लिए आक्रमक हो जाते हैं।

इस मान्यता के साथ समस्या : ऐसे में बच्चे और उसके माता-पिता के बीच अधिकार पाने का संघर्ष आरंभ हो पाता है। माता-पिता का बच्चे को बार-बार ये दर्शाना कि मालिक वे हैं, बच्चे नहीं, बच्चे को आक्रामक बना देता है। वह माता-पिता को क्रोध दिलाकर व दुखी करके स्वयं को अधिक महत्त्वपूर्ण व बलशाली बना देता है। **कृपया ध्यान दें :** यदि ऐसे बच्चे को शारीरिक दंड दिया जाता है तो वह और ज्यादा घातक हो सकता है।

इन मामलों में, बच्चा जो चाहता है

एक आक्रामक बच्चे के लक्षण

1. *लगातार लड़ाई करना।*
2. *छोटी-छोटी बातों के लिए भी कड़वा रुख अपनाना।*
3. *थोड़ा-सा ही भड़काने पर शारीरिक हिंसा पर उतारु होना।*
4. *जिस चीज को लेने के लिए मना किया जाए, उसे तोड़ देना।*
5. *जानबूझकर दूसरों के सामने किसी को अपमानित करना। अंत में अपनी प्रतिक्रिया देखें।*
6. *हो सकता है कि नियंत्रण पाने की इच्छा से आप क्रोधित हो जाएं। बच्चा आगे चलकर अत्यधिक आक्रामक प्रवृत्ति का हो जाता है।*

(प्रेम) या उसे पाने के लिए जो पथ चुनता है; उनके बीच संघर्ष होने लगता है। विडंबना यह है कि वह प्रेम पाने के पथ पर जितना आगे बढ़ना चाहता है, उतना ही प्रेम के अयोग्य हो जाता है।

इस समस्या का एकमात्र हल यही है कि आप पूरे धीरज के साथ उसके दुर्व्यवहार पर विवेक से काम लें। चाहें उसे सजा देने या नियंत्रित करने की इच्छा मन में क्यों न हो, उससे ठंडे दिमाग से बात करें। नि:संदेह आप भी तो उसे प्यार करते हैं, न?

बुद्धिमता का सूत्र : बच्चे की आवश्यकता की समझ ही उसके दुर्व्यवहार के समाधान का एकमात्र उपाय है।

  क्यों मेरा बच्चा अशिष्ट व्यवहार करता है

भाग–III
दुर्व्यवहार में वृद्धि

जैसाकि मैंने पहले अध्याय में कहा, विभिन्न लोग दुर्व्यवहार को विभिन्न रूपों में लेते हैं।

पहले-पहल कोई भी व्यवहार बुरा नहीं होता, वह भद्र अवस्था से ही आरंभ प्रारंभ होता है किंतु यदि बर्ताव शिष्टता की सीमाएं लांघ जाए तो उसे दुर्व्यवहार कह सकते हैं।

बच्चे के दुर्व्यवहार में वृद्धि क्यों होती है?

बुनियादी कारण तो वही रहता है–जैसेकि पिछले अध्याय में देखा, बच्चे की भ्रांत मान्यताओं के लिए प्रतिक्रिया–यदि हम माता-पिता हस्तक्षेप न करें तो यह प्रतिक्रिया समय के साथ-साथ समाप्त हो जाती है। यही हस्तक्षेप ही कई रूपों में स्थिति को और भी बदतर बना देता है।

आइए, एक-एक करके चर्चा करें।

1. माता-पिता की आक्रामक प्रतिक्रिया से वृद्धि

☞ मौंटी का छोटा भाई जौंटी उसे बहुत सताता था। वह उसी चीज को लेने की जिद करता, जिससे मौंटी खेलता या काम करता। आज तो उसने मौंटी का नया रबड़ ही चबा लिया। नतीजन मौंटी ने एक चांटा जड़ दिया। जौंटी का रोना सुनकर मां दौड़ी आई व बच्चे के चेहरे पर चांटे के निशान देखे। मां तो पहले ही नौकरानी के न आने से खीझी हुई थी, उसने मौंटी से अंधाधुंध पिटाई शुरू कर दी। फिर वह मौंटी को गर्दन से पकड़कर गरजी : "मैं इस घर में किसी तरह की हिंसा नहीं चाहती। अगली बार ऐसा हुआ तो टांगें तोड़ दूंगी, समझे!"

मौंटी काफी हद तक उलझ गया और परेशान दिखा। क्या हिंसा उचित थी या नहीं? उसने भाई को देखा, जो अब बड़े ही प्यार से मुस्कुरा रहा था। मौंटी को लगा कि वह उसे चिढ़ा रहा था–उसके मन में उस बच्चे के लिए नफरत पनपने लगी।

उसने सोचा : "ज्यादा-से-ज्यादा मुझे पीट ही तो सकती हो। जब भी मौका मिलेगा, इसे छोड़ूंगा नहीं...बस अगली बार आपको पता नहीं चलेगा"

कृपया ध्यान दें : मौंटी केवल छ: साल का है और अपने भाई को बहुत चाहता है पर इस तरह बार-बार मार खाने की वजह से उसे भाई से ही नफरत हो गई।

जब माता-पिता आक्रामक व्यवहार की प्रतिक्रिया आक्रामकता से ही देने लगते हैं तो उनके व बच्चों के बीच अधिकारों का संघर्ष प्रारंभ हो जाता है। बच्चा भूल जाता है कि उसने प्रेम पाने के लिए ही तो यह आक्रामक प्रवृत्ति आरंभ की थी। वह आक्रामकता में वृद्धि से अपनी प्रतिक्रिया देता है। यदि कहीं-न-कहीं इस दुष्चक्र को न तोड़ा गया तो बच्चा अपशब्दों का प्रयोग करेगा, बदले की भावना से ग्रस्त होकर मां-बाप का सम्मान करना छोड़ देगा।

मैंने देखा है कि समय बीतने के साथ-साथ इस प्रवृत्ति के कितने गंभीर परिणाम सामने आ सकते हैं। सार्वजनिक रूप से अपमानित होने से माता-पिता की सामाजिक छवि को नुकसान पहुंचता है। जब माता-पिता सबके सामने अपमानित होते हैं तो बच्चा उनकी आंखों में आंसू देखकर, अपनी जीत का प्रतिफल पाकर प्रसन्न होता है।

व्यवहार में अनिरंतरता : यदि माता-पिता एक ही गलती पर कभी तो डांटते-फटकारते हैं और कभी केवल मुस्कुरा कर रह जाते हैं, जो उनके मूड पर निर्भर करता है तो बच्चे के भ्रम का अंत नहीं रहता। बच्चे के मन में संदेह पनपने लगता है कि संभवत: उसका दुर्व्यवहार पहले डांट का अधिकारी नहीं था, उसे नाजायज डांटा गया था। इस तरह वह दुगने जोश से बुरे बर्ताव को बार-बार दोहराने लगता है।

इस **समस्या** का हल यही है कि बच्चे को वही व्यवहार दर्शाएं जैसाकि आप उससे चाहते हैं। यदि आप चाहते हैं कि बच्चे में सहनशक्ति उत्पन्न हो तो उसे अपना धैर्यशील व्यवहार दिखाएं। यह भी ध्यान दें कि बच्चे के सामने आपका व्यवहार विवेकपूर्ण तथा एकरूप होना चाहिए।

बुद्धिमता का सूत्र : आपकी आक्रामक प्रतिक्रिया बच्चे के आक्रामक व्यवहार को वैद्यता प्रदान करती है। निश्चित रूप से यह कोई हल नहीं है।

2. परेशानी में वृद्धि– टेस्टिंग द फेंस (टी.टी.एफ.)

दुर्व्यवहार में वृद्धि कहां से होती है?

जब बच्चा आपकी बात या संकल्प की परीक्षा लेता है तो आपकी असफलता ही उसके दुर्व्यवहार में वृद्धि का कारण बनती है।

☞ सलोनी की मां गले में हल्की-सी इंफेक्शन के लिए उसे मेरे पास लाई। उन्होंने अपनी कुछ बारियां भी छोड़ीं ताकि चैंबर में सबसे आखिर में आएं। बच्चे की जांच के बाद उसे एक्वेरियम देखने भेज दिया और फिर मुझसे बोली, "मैं एक चीज़ से बड़ी परेशान हूं।" मैं भी पूरा ध्यान लगाकर उनकी बात सुनने लगा क्योंकि मैं उनकी बात का मान रखता था। वे एक सिंगल मदर थीं, जिन्होंने अपनी बच्ची के पालन-पोषण के एकमात्र लक्ष्य के लिए जीवन लगा दिया था।

"सलोनी हमेशा से ही थोड़ी जिद्दी रही पर अब उसने एक नई आदत

सीख ली है। अगर मैं कोई बात न मानूं तो वह अभद्रता से पेश आने लगती है व बात पूरी न करवाने तक बुरा बर्ताव जारी रहता है। इससे भी बुरी बात यह है कि जिद पूरी होते ही, उसका ध्यान उस चीज से हट जाता है और वह किसी दूसरी बात के लिए अड़ जाती है। अगर मैं कोई बात न मानूं तो उसका बुरा बर्ताव कई दिन तक जारी रहता है और यहां तक कि दिल दुखानेवाली बातें तक करने लगती है; जैसे—दूसरे बच्चों के मां-बाप उनसे ज्यादा प्यार करते हैं, वे जो मांगते हैं, उन्हें सब मिलता है, या कहती है, तुम मेरी परवाह नहीं करती, मेरे पास तो पापा भी नहीं है कि मैं उनके पास चली जाऊं।

वह दूसरी जिद भी पूरी होते ही एक और नई व उससे बड़ी जिद सामने आ जाती है। वह खासतौर से ऐसी बातें मनवाना चाहती हैं, जिनके लिए मेरी तरफ से मनाही है। मैं तो कुछ समझ नहीं पा रही।"

मैंने सहानुभूति से सिर हिलाया क्योंकि मैं जानता था कि बात और भी गंभीर थी। "डॉक! कभी-कभी तो लगता है कि वह मुझे परख रही है। क्या यह इसलिए है कि.... कि मैं सिंगल मदर होने के नाते उस पर पूरा ध्यान नहीं दे पा रही?" उन्होंने अपने मन का भय प्रकट कर दिया।

मुझे उनके लिए अफसोस भी हुआ क्योंकि मैं जानता था कि वे बच्ची के लिए जो कर रही थीं, वे अक्सर माता-पिता मिलकर भी नहीं कर पाते। यह समस्या तो एक आम बात थी, जिसे हम टी.टी.एफ. कहते हैं।

टेस्टिंग द फेंस (टी.टी.एफ.) क्या है? जब आप किसी समझदार जानवर को पिंजरे में डालते हैं तो वह अपनी स्वाभाविक बुद्धि से यह जांचने की कोशिश करता है कि चारदीवार कहां से कमजोर है, जहां से वह बाहर आ सके। एक बार कमजोर कोना मिल जाए तो वह उस पूरी आक्रामकता से हमला कर देता है।

ठीक इसी तरह, बच्चा भी यह जानने की कोशिश करता है कि आप किस हद तक, नाजायज मांग की पूर्ति के लिए उसके बुरे बर्ताव को सह सकते हैं। कई बार तो मांगी गई चीज़ भी अपने-आपमें इतने मायने नहीं रखती। यह फेंस टेस्ट करने का एकमात्र साधन नहीं, मांग पूरी होते ही इसे त्यागा जा सकता है। वह अपनी नाजायज जिद पूरी करवाकर, इस बात की ताकत पा लेता है कि उसने मां-बाप की हद देख ली।

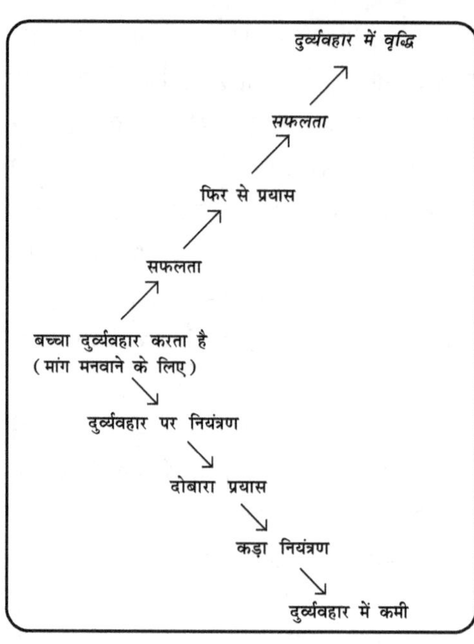

छोटे जानवरों से इस व्यवहार की तुलना हो सकती है; जैसे मेरा छोटा पालतू पिल्ला स्नूजी हमारी जुराबें व पत्रिकाएं खींचकर, हमारा टेस्ट लेता है। उसे रोका जाए तो पूरी लड़ाई लड़ता है। परंतु अनदेखा कर दो तो उसे पत्रिका या जुराब में कोई दिलचस्पी नहीं रहती, वह स्वयं ही उन्हें छोड़ देता है।

ठीक इसी तरह, जब बच्चा भी रोने-पीटने के हथकंडे अपनाकर, बात मनवा लेता है तो उसे एहसास हो जाता है कि आपकी कमजोर नस क्या है, जैसे आप घर में तो उसके रोने-पीटने की परवाह नहीं करते पर किसी मॉल में उसके रोते-चिल्लाते ही उसकी मांग झट से पूरी कर दी जाती है क्योंकि आप अपनी सामाजिक छवि को नष्ट होने से बचाना चाहते हैं। अब वह घर में भी अपनी जिदें कर-कर के इसी प्रक्रिया को तब तक दोहराता रहेगा, जब तक आप कुठित होकर हथियार नहीं डाल देते।

कृपया ध्यान दें : इन बढ़ती हुई चाहतों का कोई अंत नहीं होता। मुझे यकीन है कि यदि आप अपने बच्चों को गला खराब होने पर भी टॉफी/आइसक्रीम के लिए

क्यों मेरा बच्चा अशिष्ट व्यवहार करता है

नहीं रोक सकते तब दस-पंद्रह साल बाद, उसे सिगरेट/ड्रग्स लेने से भी नहीं रोक सकेंगे।

टी.टी.एफ. के परिणाम : जैसाकि पहले भी कहा गया, यह एक निरंतर चलनेवाली प्रक्रिया है। इस अग्निपरीक्षा के माध्यम से बच्चा दो बातें जानना चाहता है :

1. वह आपसे किस हद तक दुर्व्यवहार करके अपनी चीज़ पा सकता है।

2. यहां वह आपके साथ अपना स्तर सुनिश्चित करता है। यही दर्शाता है कि उसके मन में आपकी कैसी छवि अंकित होती है या वह भविष्य में आपको कितना सम्मान देगा। जैसाकि हमने पिछले अध्यायों में देखा, यही सम्मान उसके दुर्व्यवहार को घटाने या बढ़ाने का कारक हो सकती है।

यह कहां ले जाते हैं : इसके दो तरह के परिणाम हो सकते हैं : आप हार मान लेते हैं या आप डटे रहते हैं।

1. जब आप हार मान लेते हैं–तत्काल प्रभाव तो यही होता है कि बच्चे का दुर्व्यवहार शांत हो जाता है। हालांकि आप दोनों के संबंधों पर इसका दीर्घकालीन प्रभाव हो सकता है क्योंकि अब बच्चा मानता है कि

*   संभवत: उसका दुर्व्यवहार कहीं से भी अनुचित नहीं था।

*   वह इस दुर्व्यवहार के साधन से कुछ भी पा सकता है। वह इसे दुनिया में भी आजमाना चाहेगा, जिसके भयंकर नतीजे सामने आएंगे।

*   ऐसे में माता-पिता, उसकी नजरों में अपना सम्मान गंवा देंगे।

बच्चा मानने लगा कि अगर उसे कोई काम करने से मना किया जाता है, तो वही अंतिम आदेश नहीं है, उसमें बड़ी आसानी से बदलाव आ सकते हैं। बेशक ये मान्यता उसकी मांग/जिद/अवज्ञा व दुर्व्यवहार को और भी ऊंचे स्तर पर ले जाएगी। मैंने ऐसे कई बच्चे देखे हैं जो अपनी मांग पूरी न होने तक, सामने आनेवाली चीज़ तोड़-फोड़ देते हैं। हो सकता है कि आपको इस पर विश्वास करना थोड़ा कठिन लगे पर मैं आपको जीवन की एक वास्तविक घटना सुनाता हूं :

चौंक गए न? यकीन करें, यह प्रक्रिया तभी आरंभ हुई होगी जब उसने खराब गले के बावजूद, अपने हथकंडे आजमाकर, आइसक्रीम पाने में सफलता पाई होगी व मां का धैर्य परखा होगा।

2. **जब आप बात पर डटे रहते हैं** : हो सकता है कि अल्पकालीन प्रभावों से निपटने में थोड़ी परेशानी हो—रोता-पीटता बच्चा, दोस्तों के सामने अपमानित होना, मूड खराब होना आदि पर इसके दीर्घकालीन प्रभाव बहुत अच्छे होंगे; जैसे—

* बच्चे को एहसास होता है कि कुछ खास चीजों पर पूरी तरह से पाबंदी है। यह आदत स्कूल के लिए भी अच्छी रहती है।

* थोड़ी कोशिशों के बाद उसे यकीन हो जाता है कि नाजायज मांग के लिए रोना/पीटना बेकार है।

* दुर्व्यवहार में निश्चित रूप से कमी आती है।

* साथ ही माता-पिता के सम्मान में वृद्धि होती है। यह विशेष रूप से बच्चे के व्यक्तित्व विकास में भी लाभदायक होता है।

जो बच्चा जिद मनवाने का आदी हो गया हो, उसे सुधारने का एक प्रयास—यदि बच्चा कई बार आपको परख चुका है यानी आप हर बार उसके आगे झुकते हैं तो उसे सुधारना थोड़ा कठिन होगा। जैसे पहले जो बच्चा 3 से 5 मिनट रोकर अपनी बात मनवा लेता था, वही अब मां का कड़ा रवैया देखकर पूरे दस मिनट तक चीखेगा - रोएगा, अपने प्रयासों में तेजी लाएगा कि संभवत: इससे बात बन जाए। बच्चे बहुत जल्दी-जल्दी माता-पिता की प्रतिक्रिया के

हिसाब से अपने व्यवहार में बदलाव लाते हैं।

जब आप उसके आगे झुकना छोड़ देंगे तो वह भी दुर्व्यवहार नहीं करेगा, साथ ही उसकी नजरों में आपकी छवि में भी सुधार होगा।

समाधान : समस्या का हल यही है कि आप उसके दुर्व्यवहार के लिए अपनी प्रतिक्रिया में बदलाव लाएं, इस प्रकार :

> बच्चे से पहले ही तय कर लें कि उसकी कौन-सी इच्छा पूरी की जाएगी व कौन-सी नहीं। हर बात के लिए इंकार न करें।

> बात पर डटें पर बच्चे की देखरेख भी करें; किसी भी नाजायज मांग के लिए 'न' कहते समय अपने बोलने की टोन पर ध्यान दें। उसे दूसरों के सामने न डांटे-फटकारें।

> उसे मना करने के बाद भी, सम्मानपूर्वक निकलने के रास्ते भी खुले रखें। उसकी मर्यादा बनी रहने दें।

> उसके दुर्व्यवहार से निपटने के बाद ही समाधान की बात करें।

बुद्धिमता का सूत्र : जब भी आप दुर्व्यवहार को नियंत्रित करने या सुधार लाने में असफल रहते हैं, बच्चा और भी गलत व्यवहार से आपको परखने का प्रयत्न करता है।

3. बार-बार शिकायत करने से होनेवाली वृद्धि

☞ "यह तो मेरी बिल्कुल नहीं सुनता। इसे जिस काम के लिए मना करो, वही करता है। पहले तो पापा के नाम से डरता था पर अब वह डर भी नहीं रहा। जो करने को कहती हूं, उसका उलटा ही करता है। मेरी बेटियों ने कभी तंग नहीं किया। ये नहीं समझ आता कि इसे कैसे काबू करूं। ये मेरी बिल्कुल इज्जत नहीं करता।"

रूबल की मां के पास तो रटा-रटाया बहाना है–

"मानता ही नहीं"। वह दिन में, कम-से-कम बीस बार यह बात दोहरा देती है। उसे यह एहसास नहीं होता कि वह बार-बार एक ही बात दोहराकर उसके हर काम को मंजूरी दे रही है। रूबल को लगता है कि वह अपने बुरे बर्ताव से, सब-कुछ मनवा सकता है। फिर उसे लगने लगता है कि परिवार के दूसरे सदस्य व दुनिया भी उसके कहे पर चलेगी। वह अपेक्षा रखता है कि वह जो भी चाहता है, कर सकता है व दूसरे लोगों को उसकी मांगों को पूरा करना ही पड़ेगा।

क्या इस कठोर दुनिया में यह संभव है। दुनिया न केवल उसकी मांग को

क्यों मेरा बच्चा अशिष्ट व्यवहार करता है

ठुकरा देगी बल्कि उसके बुरे बर्ताव से कठोर तरीके से पेश आएगी। इससे बच्चा टूट जाता है, दुनिया से डरने के बावजूद वह घर में माता-पिता, भाई-बहन पर अपना आतंक बनाए रखता है–घर में शेर, बाहर मेमना। व्यक्तित्व का विकास। ये बच्चे समाज के लिए कोई योगदान नहीं दे पाते तथा यही हीनभावना उनकी सफलता की राह में सबसे बड़ी बाधा हो जाती है।

इनसे बचना चाहते हैं तो आपको कुछ कार्य नहीं करने चाहिए :

➢ **बच्चे के सामने बार-बार उसके दुर्व्यवहार की शिकायत न करें।** साथ ही यह भी ध्यान दें कि उसके सामने न स्वीकारें कि आप उसके बुरे बर्ताव पर काबू नहीं कर पा रहीं। हो सकता है, आपको लगे कि आप उसे सुधारने के लिहाज से बार-बार शिकायत करती हैं पर बच्चा शिकायत को इस रूप में नहीं लेता। उसे लगता है कि माता-पिता एक तथ्य दे रहे हैं, जिसे बदला नहीं जा सकता; जैसे बाल काले होते हैं, दांत सफेद होते हैं। उसे लगता है कि वह तो है ही शरारती और इस तथ्य को किसी भी तरह बदला नहीं जा सकता।

> बच्चे से वही कहें, जो आप उसे बनाना चाहते हैं क्योंकि बच्चा आपकी कही बात को अंतिम सत्य मानता है, (स्वीकृत तथ्य)–जिसे सुध रा नहीं जा सकता।

बड़ा होने पर उसे लगता है कि इस बुरे बर्ताव के कारण ही उसे सबका ध्यानाकर्षण मिल रहा है। हर बच्चा ध्यानाकर्षण चाहता है और वह दुर्व्यवहार को इसे पाने का साधन बना लेता है।

➢ **दूसरों के सामने उसकी कमियां उजागर न करें** : जब बार-बार उसके सामने एक ही बात दोहराइ जाती है तो उसे लगने लगता है कि उसका कुछ नहीं हो सकता इसलिए उसे बदलने की भी आवश्यकता नहीं है। ऐसा बच्चा किसी भी तरह के सुधारात्मक उपाय की प्रतिक्रिया नहीं देता। यदि उसके अध्यापक या डॉक्टर के सामने भी बात करनी हो तो उसके सामने न करें।

➢ **उस पर 'नकारात्मकता' का लेवल न लगाएं** : भिन्न-भिन्न आंकड़ों से पता चलता है कि 7 से 10 प्रतिशत बच्चे बड़ी मुश्किल से काबू होते हैं। (अधिकतर अपनी जन्मजात विशेषता के कारण), किंतु जब आप माता-पिता से पूछते हैं तो वे बताते हैं कि 80 प्रतिशत से ज्यादा बच्चों को (कुछ कहेंगे 95 प्रतिशत) संभालना कठिन होता है। मुझे विश्वास है कि ये 70-80 प्रतिशत तक बच्चे को संभालना माता-पिता ही कठिन बना देते हैं। एक अन्य

प्रमुख कारण यह है कि वे उसके कामों के हिसाब से उस पर लेवल लगा देते हैं; जैसे–ज्यादा चिल्लानेवाला बच्चा 'चीखू', ज्यादा रोने वाला बच्चा 'रोंदू' या मूर्ख बच्चा 'बुद्धू' कहलाता है। समस्या यह है कि बच्चा बहुत हद तक अपनी पहचान को, दूसरों के नजरिए से देखता है; खासतौर पर माता-पिता व अध्यापकों के। जब उस पर बेकार है, गया हुआ मामला है, बात नहीं मानता जैसे लेवल लगा देते हैं तो वह यह तक जानने की कोशिश नहीं करता कि लेवल कहां तक जायज है। उसे बार-बार दोहराए जाने पर वह मान लेता है कि यह स्वीकृत तथ्य है, इस व्यवहार की अनुमति है व दूसरे सुधार की आवश्यकता नहीं है। तो जैसाकि मैंने पहले भी कहा : बच्चे के सामने जो भी कहें सावधान रहें।

➤ बच्चे की बार-बार आलोचना न करें

आलोचना एक दोधारी तलवार की तरह है। यदि रचनात्मक तरीके से प्रयोग करेंगे तो उसकी बुरी आदतें खत्म कर सकती हैं। यदि अप्रशिक्षित तरीके से प्रयोग में लाएंगे तो उसका आत्मसम्मान पंगु हो सकता है।

बच्चे की बार-बार आलोचना : बच्चे की लगातार आलोचना करने तथा उसे रोंदू, बुद्धू, चीखू इत्यादि संबोधित करने की क्रिया से बच्चे आपके कथन के सभी शब्दों को को सही मानने लगते हैं और ये शब्द उनके व्यक्तित्व में भी समाविष्ट हो जाते हैं तथा उनका व्यवहार भी वैसा ही होने लगता है जैसा आपने उनको बोला है।

अप्रत्यक्ष आलोचना : यदि बच्चे को साफ व सीधे रूप में निर्देशित न किय जाए तो उसे आत्मछवि कमजोर लगती है। जब माता या पिता, परस्पर परिवारों की आलोचना करते हैं तो बच्चा स्वयं को हीन मानने लगता है क्योंकि वह भी तो उसी परिवार का अंग है। जब मां अपने सास-ससुर को असभ्य व निरक्षर कहकर ताना देती है व पति की आलोचना करती है तो बच्चे में हीनभावना पनपती है। एक नन्हे बच्चे के लिए पिता एक पूजित मूर्ति (निकटतम संबंधी) है, यदि उसमें ही दोष निकाले जाएंगे तो सोचिए कि क्या होगा। जब पिता हालात से समझौता करते हुए इन बातों का विरोध नहीं करता व उन्हें गलत साबित नहीं करता तो बच्चे को पक्का यकीन हो जाता है कि वह भी उन्हीं की तरह हीन है। ऐसा हतोत्साहित बच्चा और भी दुर्व्यवहार करने लगता है।

बुद्धिमता का सूत्र : निरंतर आलोचना से बच्चे का स्वाभिमान क्षीण होता है, वह कुंठित होकर बुरा बर्ताव करने लगता है।

क्यों मेरा बच्चा अशिष्ट व्यवहार करता है

4. दण्ड के कार्य को दूसरों को सौंपने से उत्पन्न वृद्धि

सजा का काम दूसरों पर सौंपना, ये भी आपके बच्चे के दुर्व्यवहार में वृद्धि का एक बड़ा कारक हो सकता है।

हम कितनी बार ऐसी बातें सुनते हैं :

1. "ठीक से पेश आओ, वरना मैडम पीटेगी।"

2. "खाना खा लो, वरना डॉक्टर सूई लगा देंगे।"

3. "अगर अभी नहीं माने तो शाम को पापा को घर आने दो, सब बता दूंगी।"

4. "अगर गंदी बात करोगे तो बुड्ढा बाबा पकड़ लेगा।"

इन परिस्थितियों में मां क्या करने का प्रयास कर रही है–वह सजा देने का काम दूसरों पर डाल रही है। क्यों? वह ऐसा करने में अक्षम है। दयालु हृदय है। बच्चे के गलत बर्ताव से निपटना ही नहीं चाहती। कम-से-कम वह बच्चे को तो यही संदेश दे रही है।

सवाल यह पैदा होता है कि अगर सब-कुछ किसी दूसरे को ही करना है तो पेरेंटिंग में आपकी क्या भूमिका है–सिर्फ लाड-प्यार देना? आप बच्चे को पूरा स्नेह व देख-रेख तो देंगे पर उसके गलत बर्ताव को नहीं सुधारेंगे, यह कैसे हो सकता है? ऐसे में बच्चे की नजरों में आप जीरो हो जाते हैं। उन्हें लगता है कि मां चीखने/चिल्लाने के सिवा कुछ नहीं कर सकती। सम्मान का यही अभाव बच्चे को विद्रोही बनाता है, वह आपके आदेशों की अवहेलना करने लगता है। यही बच्चे आगे चलकर मां से बुरा बर्ताव करते हैं व अपशब्दों का प्रयोग करने लगते हैं।

और भी बुरा परिदृश्य–जब आप पति पर बच्चे को फटकारने का दायित्व डाल देती हैं।

पापा आकर तेरी खबर लेंगे, प्राय: मांओं के मुंह से सुनने को मिलता है। यहां या तो वे इस बारे में शाम तक भूल जाती हैं या थके-मांदे पति के आते ही शिकायतें लेकर बैठ जाती हैं। थका व्यक्ति खीझकर दो काम कर सकता है–या तो मां की बात को गंभीरता से लेते हुए बच्चे को फटकारेगा, यानी बच्चे के साथ बीतनेवाला वह थोड़ा-सा वक्त भी फटकार में जाएगा। ऐसे में बच्चा अंतर्मुखी हो जाएगा, वह तभी बुरी बर्ताव करेगा, जब माता-पिता आस-पास नहीं होंगे। या यह भी हो सकता है कि पति उन बातों को इतनी गंभीरता से न लें, जिनके लिए आप इतना बिलख रही थीं व हल्की फटकार लगाकर छोड़ दें। तब बच्चे को लगता है कि मां तो मूर्ख है, वह बड़ी आसानी से दोबारा ऐसा दुर्व्यवहार कर सकता है।

जैसाकि मैंने पहले भी कहा बच्चे को पालने का मतलब है, एक कैक्टस को हाथों में पकड़ना। अपनी ममता को चुभनेवाले कांटों की परवाह न करें। किसी दूसरे को सजा देने का काम सौंपने से बच्चे को लगेगा कि आपमें इतनी क्षमता नहीं इसलिए आप उच्च अधिकार शक्ति का प्रयोग करना चाहती हैं। ऐसा बच्चा मां की कद्र नहीं करता व न ही उसकी सुनता है। आगे चलकर वह मां को अपमानित भी करने लगता है।

रोचक परिदृश्य–हौव्वा (भूत)

कई बार मां, छोटे बच्चे से कहती है; बाहर नहीं जाना, भूत खा जाएगा या बुड्ढा बाबा उठा ले जाएगा। मुझे नहीं पता कि इसका अस्थायी प्रभाव क्या होता है किंतु दीर्घकाल में जब बच्चा स्कूल में साथियों से सीखेगा कि भूत-वूत

 क्यों मेरा बच्चा अशिष्ट व्यवहार करता है

कुछ नहीं होते तो वह सोचेगा कि उसकी मां तो बुद्धू (मूर्ख) है, जो यह भी नहीं जानती।

> **आपके द्वार किसी दूसरे को सजा सौंपने का कार्य, आपकी दुर्बलता व अक्षमता के रूप में लिया जाता है।**

इस तरह बच्चा मां की समझदारी के विषय में संदेहग्रस्त हो जाता है।

इस तरह एक ही झटके में आपने उसे अपनी मूर्खता का एहसास करा दिया जोकि उसे निश्चित रूप से दुर्व्यवहार की ओर ले जाएगा।

समाधान : बहुत आसान है! सजा देने का काम दूसरों पर न छोड़ें। प्रिय माता-पिता, विशेष रूप से माताओं यदि आप बच्चे को अपने से भी ज्यादा चाहती हैं तथा अपना सारा लाड-प्यार लुटाती हैं तो आपको नहीं लगता कि बच्चे को सुधारने या सजा देने का हक भी केवल आपका ही है–किसी दूसरे का नहीं।

इस सजा को उस टीकाकरण के रूप में लें, जो हम बच्चे को डॉक्टर से दिलवाते हैं। हमें पता है कि इससे बच्चे को दर्द होता है पर हमें ऐसा करना पड़ता है क्योंकि हमें उसके शारीरिक स्वास्थ्य की चिंता है। अब यह न कहें कि आपको बच्चे के मानसिक स्वास्थ्य व भावी सफलता की परवाह नहीं; यदि आवश्यकता पड़े तो उसी टीकाकरण की तरह सजा देने से भी न हिचकें।

बुद्धिमत्ता का सूत्र : एक माता-पिता, जो सजा देने का कार्य दूसरों पर टालते हैं, वे बच्चे की नजरों में अपना सम्मान खो देंगे व उसके दुर्व्यवहार का शिकार होंगे।

5. दुर्व्यवहार को अनदेखा करने से उत्पन्न वृद्धि

☞ मुझे एक मरीज के नए बने मकान की दावत में शामिल होने का निमंत्रण मिला था। उनकी तीन बेटियां व एक बेटा है, छोटा बेटा कुछ ज्यादा ही लाडला है। मुझे नहीं पता कि हुआ क्या था पर जब तक मैं हॉल में पहुंचा, बच्चा काफी खीझा हुआ था। जब पंडित ने हवन के लिए यज्ञ-कुंड में अग्नि जलाई तो पांच साल के बच्चे का ध्यान उस ओर चला गया। वह भी पंडित की तरह उसमें लकड़ी फेंकने का आग्रह करने लगा। जब लकड़ी वहां से हटा दी गई तो उसके हाथ जो भी कचरा लगता, वह उसे हवनकुंड में डाल देता। पिता की आज्ञा से बड़ी बहन ने बच्चे को रोकना चाहा पर क्रोधित बच्चे ने उसे छड़ी से पीट दिया। स्थिति को बेहतर बनाने के लिहाज से मां बीच में आई व बच्चे को पकड़ा पर बच्चे ने उसी छड़ी से मां के चेहरे पर वार किया व सबको हैरानी में डाल दिया। मां के चेहरे पर निशान देखकर, पिता को गुस्सा आया व बच्चे को कसकर पकड़ा। बच्चा काफी गुस्से में था, उसने पिता के कोट को मिट्टी लगे जूतों से

   क्यों मेरा बच्चा अशिष्ट व्यवहार करता है

कुचल दिया। अब तो पिता के गुस्से की हद भी पार हो गई, उन्होंने उसे उठाया व बाहर टॉयलेट में बंद करने की धमकी देने लगे। अब बच्चा घबराकर रोने लगा। जब रोने पर भी बात नहीं बनी तो वह गिड़गिड़ाने लगा–"फिर से ऐसा नहीं करूंगा, फिर से नहीं करूंगा।" बेशक वह पहले भी इस साधन का प्रयोग कर चुका था। यह सुनते ही पिता ने उसे गोद से उतार दिया। मानो इस एक वाक्य से उसके गलत बर्ताव का असर मिट गया था। वे बोले–"फिर से ऐसा किया तो बंद कर दूंगा।'' बच्चे की आंखों में छिपी शरारत से साफ पता चल रहा था कि वह उस धमकी की कितनी परवाह करता था।

नि:संदेह आज भी जीवन में ऐसी घटना से दो-चार हुए होंगे। हो सकता है कि दुर्व्यवहार की गंभीरता में अंतर रहा हो किंतु इतना तो तय है कि मां-बाप द्वारा उसके गलत बर्ताव को अनदेखा करना ही इस बर्ताव को और भी गंभीर बना देता है। बच्चा जान जाता है कि माता-पिता उस पर शासन नहीं कर सकते, वह कभी भी दो आंसू बहाकर अपना काम निकाल सकता है। ऐसा उन्हीं घरों में होता है, जहां बच्चे को आवश्यकता से अधिक लाड-प्यार मिलता है।

जैसाकि मैंने पहले कहा कि अपवादित संतान को जन्म देने के लिए माता-पिता भी वैसे ही होने चाहिए। समस्या यह है कि इस तरह के लाड-दुलार व दुर्व्यवहार को अनदेखा करने से, बच्चे के व्यक्तित्व पर बहुत ही गलत असर पड़ता है।

1. **दुनिया उसे अशक्त (दुर्बल) बना देती है :** जब वह घर से बाहर भी उसी लाड़-प्यार की इच्छा रखता है जोकि घर में पाता है लेकिन ऐसा नहीं होने के कारण उसके दिल को ठेस पहुंचती है जिससे उसका व्यक्तित्व विरक्त एवं अवसादग्रस्त हो जाता है और वह जीवन में असफल रहता है।

2. वहीं दूसरी ओर, यदि बालक जिद पर डटे रहकर, बुरा बर्ताव करता रहता है तो हर कोई उसे समस्या पीड़ित बालक मान लेता है। कहा जाता है कि वह नकारा है–अध्यापकों की उससे कोई अपेक्षा नहीं रहती–अपने-आप से कोई अपेक्षा नहीं रहती–शिक्षा व करियर में पिछड़ जाता है–समाज के लिए एक आवंछित असामाजिक तत्व बन जाता है।

इस प्रकार ऐसे गलत लाड-प्यार व बुरे बर्ताव को अनदेखा करने के परिणाम दूर तक जा सकते हैं क्योंकि मूल व्यक्तित्व का विकास, जीवन के

प्रारंभिक वर्षों में ही होने लगता है व आपके कर्म ही तय करते हैं कि आपके बच्चे का व्यक्तित्व कैसा होगा—दिल टाइप या दिमाग टाइप।

दिल बनाम दिमाग लोग

मुझसे बार-बार पूछा जाता है कि मैं माता-पिता के अत्यधिक लाड-प्यार व छत्रछाया के खिलाफ हूं। इसका उत्तर इस तथ्य में छिपा है कि आपके बच्चे में व्यक्तित्व का विकास काफी हद तक आपके कार्यों व प्रवृत्तियों में छिपा होता है। एक नन्हे दिमाग पर आपके कार्यों का प्रभाव जानना चाहते हैं तो आपके मानव मन के बुनियादी नियमों को जानना होगा।

आप विस्तृत रूप से व्यक्तियों को दो वर्गों में बांट सकते हैं—दिल से काम लेनेवाले, दिमाग से काम लेनेवाले। दायां तरफ का मस्तिष्क लोगों को भावनात्मक रूप से प्रभावशाली बनाता है इसलिए वे भावनात्मक व्यक्ति कहलाते हैं अर्थात वे व्यक्ति

दायां बनाम बायां मस्तिष्क

पाश्विकता मस्तिष्क के दाएं व बाएं गोलार्द्ध की विशेषता है। मस्तिष्क का दायां भाग शरीर के बाएं भाग को नियंत्रित करता है व बायां भाग शरीर के दाएं भाग को नियंत्रित करता है।

मस्तिष्क का बायां भाग भाषा-संबंधी व अन्य समस्याओं का समाधान क्रमपूर्वक करता है। इसलिए यह भाग विवेक संबंधी वस्तुओं से जुड़ा है।

मस्तिष्क का दायां भाग भावनाओं से संबंधित है। हम जो कुछ भी देखते हैं व देखकर भावुक होते हैं, इसका सीधा संबंध दाएं भाग के मस्तिष्क के कार्यरत होने के कारण होता है अतः सुंदरता व भावुकता की ओर झुकाव होता है परंतु बाएं हाथ से काम करने वालों के साथ इससे विपरीत होता है।

जो दिल से काम लेते व सोचते हैं। उन लोगों का बायां तरफ का मस्तिष्क सुचारु रूप से कार्यरत होता है, वे अपने विवेक से काम करते हैं। लोगों का मानना है कि भावुक व्यक्ति दिल से सोचते हैं परंतु असल में वे दाएं तरफ के मस्तिष्क से कार्य करते हैं।

यह काफी हद तक बच्चे के प्रारंभिक पालन-पोषण पर निर्भर करता है। तो आपका बच्चा एक विवेकपूर्ण व्यवहारिक व्यक्ति होगा या भावुक; यह

उसके जीवन के पहले छ: वर्षों के पालन-पोषण पर निर्भर होगा।

उफ! कितना बड़ा भार है, न? सवाल यह पैदा होता है कि एक अति भावुक व भावनात्मक व्यक्ति बनने में क्या हानि है? यदि आप सफल उद्यमियों तथा व्यवसायियों की पृष्ठभूमि देखें तो पाएंगे कि इन्हें आरंभ से ही प्रतियोगी वातावरण के लिए तैयार किया गया था। उन्हें बचपन से ही सपने दिखाकर कहा गया था कि उन सपनों को साकार करने के लिए बहुत से त्याग करने होंगे।

उन्हें कहा गया था कि वे स्वयं अपनी भूलों के उत्तरदायी होंगे व अपनी भूलों का नुकसान सहेंगे। सफलता पानी है तो दृढ़ निश्चय चाहिए, जिसे रातों-रात नहीं पा सकते। जब व्यक्तित्व का विकास आरंभ होता है तो मां वहीं से इस विश्वास की नींव डालती है। (2-8 वर्ष) अपने काम का उत्तरदायित्व लेनेवाला व्यक्ति कड़ा परिश्रमी बनता है जबकि दूसरी ओर वे व्यक्तित्व होते हैं जो अपनी सभी भूलों के लिए क्षमा की अपेक्षा रखती हैं व मानकर चलते हैं कि कोई दूसरा उनकी भूलों का उत्तरदायित्व ले लेगा। ये रोंदू बच्चे स्कूलों से निकलकर भी ऑफिसों में हमेशा रोनेवाले बच्चे ही बने रहते हैं। उनका जीवन भार बन जाता है जो हमेशा रोते, झींकते व शिकायतें करते ही बीतता है।

तो देखा आपने, बच्चे के बुरे बर्ताव को अनदेखा करने की हानि कितनी दीर्घकालिक हो सकती है, एक सफल व आत्मविश्वास व्यक्तित्व बनने से पहले ही चकनाचूर हो सकता है। सावधान रहें।

समाधान : सोच-समझकर दण्ड तय करें और एक बार उसे घोषित करने के बाद पीछे न हटें। इस बारे में कोई बहानेबाजी न करें। यदि किसी दुर्व्यवहार पर सजा देनी बनती है, उस पर सजा अवश्य दें। यदि कभी माफ करना भी पड़ें तो उसे बार-बार की आदत न बनाएं।

बुद्धिमता का सूत्र : बच्चे के बुरे बर्ताव को अनदेखा करना, बच्चे द्वारा प्यार का संकेत नहीं समझा जाता, इसे वह आपकी दुर्बलता के रूप में लेता है।

6. बार-बार होनेवाले परिवर्तनों से वृद्धि

यह दुर्व्यवहार के छिपे वृद्धि कारक के बारे में है।

नन्हा बच्चा किसी भी बात से खीझकर रोने लगता है, यदि उसका समाधान न हो तो वह दुर्व्यवहार पर उतर आता है।

बच्चों को जानी-पहचानी चीजों, स्थानों व माहौल से लगाव होता है। वे उसमें सुरक्षित महसूस करते हैं। यदि उनके जीवन में बार-बार बदलाव आएं; जैसे पिता का तबादला या पदोन्नति वगैरा तो वे काफी घबरा जाते हैं। इस तरह घर, स्थान, नौकर, प्ले-स्कूल या माहौल जैसे फर्नीचर आदि के बार-बार बदलने से उनके भीतर की असुरक्षा दुर्व्यवहार के रूप में सामने आती है।

ऐसा इसलिए है कि आपके बच्चे के अच्छे या बुरे व्यवहार का वातावरण से गहरा संबंध है। यह बदलाव उन एकल परिवारों में स्पष्ट देखा जा सकता

है, जहां माता-पिता दोनों ही कामकाजी होते हैं। यह असुरक्षा विशेष रूप से सामने आती है, जब मां लंबे प्रसूति अवकाश के बाद काम पर लौटती है। बच्चे को अनजानी नौकरानी या क्रेच के हवाले किया जाता है, जिससे वह असुरक्षित महसूस करता है।

यदि मां बच्चे के प्ले-स्कूल जाते ही कहीं नौकरी करने लगे, तब भी ऐसा ही होता है क्योंकि उस समय तो बच्चा पहले ही एक नई जगह व माहौल के दबाव को झेल रहा है। अगर मां काम का बोझ बढ़ने या पदोन्नति होने के बाद बच्चे को अधिक समय देना बंद कर दे, तो भी यह असुरक्षा जड़ पकड़ लेती है।

शहर, मुहल्ला बदलना, हर दो साल में किसी दूसरी जगह रहने जाना व हर नए मकान में बदलता फर्नीचर भी नन्हे बच्चे के लिए परेशानी पैदा करता है। उसे न केवल स्कूल के नए माहौल में रमना पड़ता है बल्कि नए दोस्त भी बनाने पड़ते हैं। घर का बदला फर्नीचर भी उसके तनाव का कारण बनता है।

एरिकसन–बुनियादी विश्वास बनाम अविश्वास

अगर नवजात की भोजन व देखरेख संबंधी प्रतिक्रिया को मां द्वारा सही तरीके से पूरा किया जाए तो उसके भीतर एक विश्वास उत्पन्न होता है। यदि उसे अनजाने हाथों में सौंपकर, उस पर बनावटी अनुशासन लादा जाए व संदेह/शर्म के परिणामों के साथ कुछ सीखने को विवश किया जाए तो बाहरी दुनिया के लिए एक अविश्वास की भावना उपजती है—घर में शेर, बाहर मेमने वाला व्यक्तित्व।

समाधान : माता-पिता होने के नाते, यह देखना आपका कर्तव्य बनता है कि बच्चे के वातावरण में एक तरह की निरंतरता बनी रहे। खासतौर पर यह

नियम, उसके इस्तेमाल की चीजों पर लागू होता है। अपने आसपास एक ही नौकरानी, दादी या महिला के होने से उसके भीतर अपनेपन का एहसास पैदा होता है।

जब यह प्रबंध संभव नहीं हो पाता तो हम बच्चे को उसकी कोई चिर-परिचित वस्तु देने की सिफारिश करते हैं; जैसे उसका कोई कंबल, चादर या कोई प्रिय खिलौना। हालांकि बच्चे इन चीजों पर निर्भर हो जाते हैं पर जब वह सोते हैं या एकांत में होते हैं तो यही वस्तुएं उनकी असुरक्षा का ध्यान रखती हैं।

बुद्धिमता का सूत्र : *वातावरण में होनेवाले बार-बार बदलावों से बच्चा भरोसा खोने लगता है व कुंठित हो जाता है।*

 क्यों मेरा बच्चा अशिष्ट व्यवहार करता है

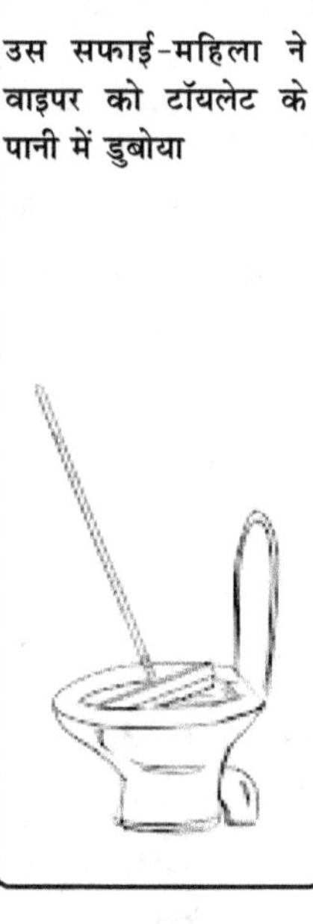

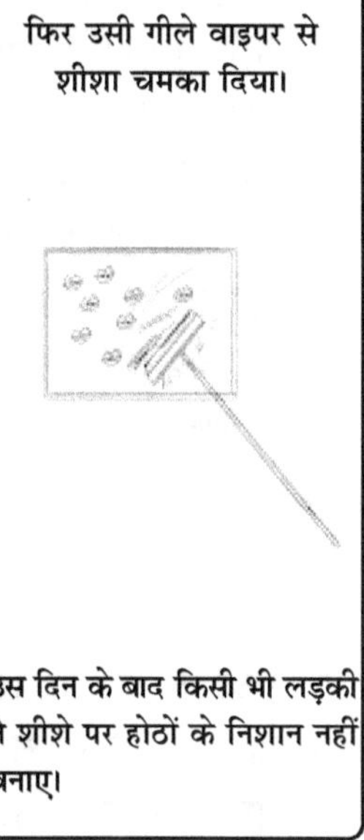

भाग–IV

समाधान

दुर्व्यवहार के मामले में, अगर आप समस्या को पहचानकर उसकी हामी भर देते हैं तो जान लें कि एक चौथाई जंग तो यहीं जीत ली। जब आप इसके समाधान का प्रयत्न करेंगे तो बाकी जंग वहां जीती जाएगी क्योंकि तकरीबन माता-पिता तो यह मानना तक नहीं चाहते कि उनका बच्चा दुर्व्यवहारी है और उनमें से कुछ ही सोचते हैं कि इस बारे में कोई कदम उठाया जाना चाहिए।

तो अगर आप यहां तक आ गए हैं तो इसका अर्थ है कि आपने एक बड़ी बाधा पार कर ली है। यदि आप कुछ आसान से दिखते सुझावों का पालन करें व बुनियादी भूलें करने से बचें तो निश्चित रूप से अपनी समस्या सुलझा भी सकते हैं।

यहां मैं आपकी जानकारी के लिए एक सामान्य-सा तथ्य देना चाहूंगा, जोकि आपको आगे के लिए आशा बंधाएगा। यदि आपको लगता है कि आप एक अच्छे माता-पिता नहीं रहे, तभी आपका बच्चा अशिष्ट व्यवहार करता

है, तो रिलैक्स हो जाएं। यह सच है कि आपने कुछ भूलें की हैं पर हकीकत तो यही है कि पेरेंटिंग के मामले में कोई भी संपूर्ण नहीं होता–एक संपूर्ण अभिभावक का अस्तित्व तो हो ही नहीं सकता।

दरअसल यह संपूर्ण अभिभावक की अवधारणा ही भ्रामक है क्योंकि संपूर्णता का संबंध तो व्यवसायिकता से है–जो किसी एक ही काम को बार-बार करने से आती है। उस परिभाषा के अनुसार तो सभी माता-पिता अपरिपक्व हैं–यहां तक जो व्यवसायिक सलाहकार या अध्यापक है क्योंकि दूसरे बच्चों के प्रबंधन के मुकाबले अपने बच्चे से निपटना पूरी तरह से अलग होता है।

रोचक बात यह भी है कि हम अपने काम या व्यवसाय में चाहे कितनी बड़ी सफलता क्यों न पा लें, एक पेरेंट के रूप में संपूर्णता के आसपास भी नहीं पहुंच पाते।

यदि आप बच्चे के भूल करने पर भी उसे चाहते हैं व सम्मान देते हैं तथा बच्चा आपसे फटकार खाने व दंडित होने पर भी आपको सम्मान देता है तो यह परफेक्ट पेरेंट-चाइल्ड संबंध है। अबोध! इसे मैं 'प्रभावि पेरेंटिंग' 'अनुशासित पेरेंटिंग' कहना चाहूंगा।

बच्चे की जिद, उसका विद्रोही स्वभाव, कभी-कभी बात न मानना या माता-पिता का भ्रांत व्यवहार, अनुचित आदतें व प्रवृत्तियां–ये सब उनके संबंधों को हीन नहीं करते। यह फिर भी संपूर्ण रहता है। यदि बच्चे के प्रति प्रेम व देखरेख में कमी आए या उसके दीर्घकालीन हितों के प्रति समझौता हो तो यह संबंध बिखरने लगता है।

बच्चे के इसी दीर्घकालीन हित को ध्यान में रखते हुए देखते हैं कि माता-पिता और भी बेहतर कैसे हो सकते हैं। अनुशासित पेरेंटिंग किसी बच्चे के सुधार का फार्मूला नहीं और न ही आपके बच्चे में बदलाव का कोई सुझाव है। यह माता-पिता के रवैए व मानसिकता से कहीं परे है, जोकि बच्चे को स्वस्थ विकल्प चुनने व अपने जीवन में अपनाने के लिए प्रेरित करता है। बेहतर पेरेंटिंग के लिए कोई एक दर्शन/सिद्धांत नहीं होता इसलिए हम आपको 'क्या करें', 'क्या न करें' के माध्यम से इन्हें बताना चाहेंगे। पिछले कुछ अध्यायों में आप काफी जानकारी पा भी चुके हैं।

पर इससे पहले हमें परिभाषित करना होगा कि 'अनुशासन' क्या है व इसके क्या प्रकार हैं?

अनुशासन का अंग्रेजी शब्द 'डिसिप्लिन' लैटिन भाषा से लिया गया है

जिसका अर्थ है, सत्य अथवा आदर्शों का अनुसरण करना। महत्त्वपूर्ण बात यह है कि इसकी प्रेरणा आपको अपने भीतर से मिलती है अत: अनुशासन का सही अर्थ हुआ–अपना अनुशासन।

परिस्थितियां कितनी भी बिगड़ी क्यों न हों, स्वयं पर नियंत्रण न खोएं व किसी की सहायता के बिना स्वतंत्र रूप से निर्णय लेने की क्षमता बनाए रखें। यह स्व-अनुशासन ही प्रत्येक माता-पिता का एकमात्र लक्ष्य होना चाहिए क्योंकि यही दुर्व्यवहार पर काबू पाने की कुंजी है। अनुशासन भंग में ही दुर्व्यवहार व बुरी आदतों का मूल स्रोत छिपा है। ये बुरी आदतें व दुर्व्यवहार किस गहराई तक गए हैं, ये दुर्व्यवहार के लिए आपकी प्रतिक्रिया व पुरस्कार-दण्ड जैसे साधनों (अगला अध्याय) पर निर्भर करता है।

आइए, अब अनुशासन के प्रकार जानें :

1. **कृत्रिम अनुशासन :** यह अनुशासन जहां होगा, वहां बच्चे का कमरा साफ-सुथरा व मेज सुव्यवस्थित होगी। करीने से कटे बालों में बच्चा देवदूत दिखेगा पर अगर दराज व अलमारियों में झांकें तो वहां बहुत-सा अनुपयोगी कचरा व सामाना ठुंसा दिखेगा, जो

> जिस बच्चे के मन में गहराई तक अनुशासन समाया हो, उसके बुरा व्यवहार करने की संभावना बहुत कम होती है।

> जो बच्चा अनुशासित होने का दिखावा करता है, वह बिना किसी निरीक्षण के बहुत ही हिंसात्मक ढंग से बुरा व्यवहार करता है।

बाहर से नहीं दिखता। इस तरह का अनुशासन केवल दिखाने के लिए होता है, यह एक बनावटी व बारीक आवरण की तरह होता है, जरा-सा खुरचते ही वास्तविकता साफ दिखने लगती है व एक अनुशासनहीन बच्चा सामने आ जाता है। ऐसा अनुशासन प्राय: कड़ी सजा, डांट-डपट व सख्ती की उपज होता है। वास्तव में ये बच्चे कृत्रिम रूप से दूसरों की प्रतिक्रिया से नियंत्रित होते हैं, वे दुर्व्यवहार करने का कोई भी अवसर हाथ से जाने नहीं देते।

2. **गहरा अनुशासन :** इस प्रकार के अनुशासन की जड़ें गहरी होती हैं

तथा इसका सीधा जुड़ाव बच्चे के आंतरिक व्यक्तित्व से होने के कारण भर उसके स्वाभाविक व नैसर्गिक व्यवहार व विचारधारा को सकारात्मक रूप से प्रभावित करता है। यह वास्तविक व स्वाभाविक अवस्था बच्चे की सही मानसिक स्थिति को प्रतिबिंबित करती है। ऐसा बच्चा किसी भी तरह के दिखावे से परे, सदा अच्छा व्यवहार करता है। वह बुरा बर्ताव नहीं करता क्योंकि उसे इसकी आवश्यकता ही नहीं होती। ऐसा गहरा अनुशासन दो बातों से विकसित होता है :

अ) बच्चा हमें क्या-क्या करते हुए देखता है? गहरे अनुशासन की जड़ें इस बात पर निर्भर नहीं करतीं कि हम बच्चों को क्या बताते हैं बल्कि यह इस पर निर्भर करता है कि वे हमें क्या करते हुए देखते हैं। हम अपने मित्रों व सगे-संबंधियों से कैसा व्यवहार करते हैं, हमउम्र, छोटों व बड़ों से कैसा व्यवहार करते हैं, अधिकारिक लोगों, कर्मचारियों या अपने से निर्धनों से कैसा व्यवहार करते हैं? क्या दूसरों से काम पड़ने पर व हमसे दूसरों का काम पड़ने पर, हमारा व्यवहार उनके प्रति भिन्न होता है...

ब) गहरे अनुशासन को बनाने वाली दूसरी चीज-**बच्चे के व्यवहार व क्रियाकलापों पर हमारी क्या प्रतिक्रिया होती है?** जैसेकि-हम उसके सकारात्मक व नकारात्मक व्यवहार पर कैसा रुख अपनाते हैं? जब बच्चे के स्वयं विकसित संस्कारित व सकारात्मक व्यवहार की प्रशंसा होती है तो उससे गहरे अनुशासन की नींव पड़ती है। इसके साथ ही यदि गलत व नकारात्मक रवैए को दंडित करने की प्रक्रिया भी जारी रहे तो एक स्व-अनुशासित बालक सामने आता है।

वहीं दूसरी ओर, गलत व्यवहार को रोक पाने में हाथ आई असफलता, गहरे अनुशासन को क्षीण करती है। हमें स्वयं देखना है कि हम सही व उचित व्यवहार को प्रोत्साहित करें, जो व्यवहार बच्चे के लिए सही न हो, उसे पूरी तरह से नकार दें।

दुर्व्यवहार के संबंध में 'क्या करें' क्या न करें जानने से पहले, हमें उन कारकों को जान लेना चाहिए जो समाधान को और भी प्रभावी बना देंगे :

1. बच्चे को समाधान में शामिल करें। यदि बच्चा स्वयं समाधान में शामिल होगा तो आगे की प्रक्रिया काफी सरल हो जाएगी। उसी से पूछें कि दुर्व्यवहार की समस्या का समाधान कैसे हो सकता है। इस तरह भविष्य में वह ऐसा दुर्व्यवहार नहीं करेगा।

2. समाधान तभी निकल सकता है जब माता-पिता व बच्चा शांत व ठंडे दिमाग से विचार करें।

3. समाधान हमेशा जायज होना चाहिए। बच्चे को ऐसा नहीं लगना चाहिए कि वह पकड़ा गया है इसलिए उसका फायदा उठाया जा रहा है। ऐसी दशा में तो वह समाधान को भी दण्ड का ही अंग मान लेगा।

4. समाधान ऐसा न हो कि इससे बच्चे का अपमान हो; यदि बच्चा अपमानित महसूस करेगा तो वह कभी उसे नहीं स्वीकारेगा।

5. बच्चे के साथ आपसी रजामंदी से केवल वास्तविक दुर्व्यवहार को ही संबोधित करें–केवल देखने वालों या संबंधियों को प्रभावित करने या माफी दिलवाने के लिए दिखावा न करें। ऐसे में बच्चा प्रतिशोधपूर्ण हो सकता है।

6. कृपया इस समीकरण से अपराधबोध को निकाल दें। यह उन कामकाजी मां-बाप व दादा-दादी के लिए सच है, जो ये मानते हैं कि वह दुर्व्यवहार इसलिए उपजा क्योंकि वे बच्चे को पूरा समय नहीं दे सके। ऐसे अपराधबोध से तो आपको सजा देना भी गलत लगेगा व ऐसी छाप पड़ेगी कि दुर्व्यवहार गलत नहीं था। हमेशा याद रखें, अपने-आप को अच्छा माता-पिता साबित करने की कोशिश न करें–आप पहले से ही हैं।

अब समाधानों की ओर चलें।

1. समाधान
पुरस्कार व दण्ड

हमारे पास ऐसे दो प्रभावी साधन हैं, जो किसी भी बच्चे के व्यवहार में सुधार लाते हुए, दुर्व्यवहार को नियंत्रित कर सकते हैं–पुरस्कार व दण्ड।

यदि आप दोनों का विवेकपूर्ण तरीके से उपयोग करें तो ये हर प्रकार के बुरे बर्ताव को समाप्त कर सकते हैं। समस्या यह है कि हमारे मन में इन दोनों से अनेक भ्रांत धारणाएं जुड़ी हैं कि ये क्या हैं व हम उन्हें कैसे इस्तेमाल कर सकते हैं। आधुनिक माता-पिता दण्ड के विषय में भयभीत रहते हैं। इन्हीं गलत धारणाओं से मुक्ति पाने के लिए हमें इन साधनों पर विस्तार से चर्चा करनी होगी।

पुरस्कार : यदि विवेकपूर्ण तरीके से इसका इस्तेमाल किया जाए तो यह दण्ड की तुलना में भी सशक्त व्यवहार प्रभावोत्पादक साधन हो सकता है। हालांकि अलग-अलग लोग इस बारे में अलग-अलग राय रख सकते हैं।

आईए जानें कैसे :

☞ रूबल को अपने जीवन का सबसे कीमती पुरस्कार मिला। नोकिया कंपनी का ऐसा गैजेट जो फोन भी था व गेम खेलने के भी काम आ सकता था। उसकी कक्षा में ऐसा गैजेट किसी के पास नहीं था परंतु आश्चर्य की बात यह है कि उसके मन में उसे पाकर कोई रोमांच या उत्साह नहीं था। उसके मन में यही बात थी कि कक्षा का सबसे पिछड़ा छात्र होने के बावजूद उसे यह इनाम मिला। उसके मित्र भी हैरान थे कि उसके पिता ने उसे कीमती उपहार क्यों दे दिया? रूबल ने स्वयं से कई बार पूछा–"क्या मैं इसके योग्य हूं? संभवत: पिता भी जानते होंगे कि उन्होंने मुझे मेरी योग्यता से अधिक इनाम दिया है।"

तो बिना पात्रता के दिया गया पुरस्कार आत्मविश्वास व प्रदर्शन में सुधार की बजाए हीनभावना को जन्म देता है।

☞ मोंटी को भी पुरस्कार मिला या नहीं मिला? वह स्वयं इस बारे में निश्चिंत नहीं है। उसने अपनी मर्जी के खिलाफ, बमुश्किल पियानों के चालीस सबक पूरे किए व मां ने दो पुरस्कार दिए। पहला–एक सुंदर वायलिन सैट। दूसरा–अब वह फिर से उसे मां की तरह स्नेह देंगी, बशर्ते वह वायलिन के 40 अध्यायों का अभ्यास करता रहे। उसे संगीत की नीरस कक्षा से घृणा थी अत: उसे इनाम के रूप में मिली वायलिन से भी घृणा थी। वह गर्मियों की छुट्टियों में वायलिन की क्लासें लेकर समय बरबाद नहीं करना चाहता था।

ऐसा इनाम भी किस काम का?

प्रिय माता-पिता! हम उपलब्धि के आकार के हिसाब से पुरस्कार के मूल्य, को बराबर करने की गलत प्रवृत्ति रखते हैं। जबकि बच्चे के लिए किसी बड़े पुरस्कार की तुलना में वह छोटी-सी चीज भी मायने रखती है, जिसे वह बहुत समय से पाना चाह रहा था। इस उदाहरण में वह महंगा वायलिन बच्चे के लिए एक सजा बन गया और वह हमेशा के लिए संगीत से नफरत करने लगेगा।

बच्चे के बर्ताव पर पुरस्कार का क्या प्रभाव होता है, यह जानने के लिए हमें मानवीय व्यवहार की ए बी सी जाननी होगी, फिर यह देखेंगे कि यह साधन कितना प्रभावशाली हो सकता है :

मानवीय व्यवहार की ए बी सी

स्किनर (1950) ने व्यवहार की अवधारणा का सूत्रपात किया था। उनके अनुसार व्यवहार वह है, जिसे मनुष्य किसी खास परिस्थिति में करता है। मनुष्य का व्यवहार दो तरह के वातावरण के प्रभावस्वरूप तय होता है–

1. **पूर्ववृत्ति (Antecedent, A)** : व्यवहार से पहले वाली स्थिति एवं

2. **परिणाम (Consequence, C)** : जो व्यवहार का परिणाम होता है।

कृपया ध्यान दें : ए या सी में कोई भी बदलाव होने से व्यवहार (बी) में भी बदलाव आएगा।

3. **प्रोत्साहन Reinforcer, R)** : इसका प्रयोग किसी के व्यवहार को बेहतर बनाने के लिए प्रभाव के रूप में किया जाता है। स्वभाव में सशक्तीकरण की दो विधियां हो सकती हैं–

➤ **सकारात्मक है पुरस्कार**–ऊंचे ग्रेड, सकारात्मक टिप्पणियां जैसे–गुड, बहुत अच्छा, मैरिट बच्चे के हाथ पर स्टार–इससे पढ़ाई के प्रति बच्चे का उत्साह बढ़ता है।

➤ नकारात्मक प्रोत्साहन भी व्यवहार को सुधारने में उपयोगी है। जब हम किसी के अभद्र स्वभाव की निंदा करें तो वह आगे से वैसा बर्ताव नहीं करेगा।

➤ नोट : सकारात्मक व नकारात्मक सशक्तीकरण दोनों ही व्यवहार में सुधार लाते हैं।

➤ वहीं दूसरी ओर दण्ड कोई प्रोत्साहन नहीं, वह तो दुर्व्यवहार को घटाती है।

इनाम देने का तरीका :

1. **इनाम का सीधा संबंध लक्ष्य से होना चाहिए** : बच्चे को पहले ही पता होना चाहिए कि अमुक कार्य करने के बाद ही उसे अमुक वस्तु का इनाम मिलेगा। जैसे लक्ष्य है कि उस दिन के लिए नियत कार्य व गृहकार्य पूरा

क्यों मेरा बच्चा अशिष्ट व्यवहार करता है

करने के बाद ही वह अपनी मनपसंद गतिविधि में भाग ले सकता है - जैसे कोई खेल आदि। भोजन के लिए भी यही तरीका अपनाएं। वह अपने हिस्से की दाल व हरी सब्जी आदि खाने के बाद ही मनपसंद पिज्जा, बर्गर व चॉकलेट आदि ले सकता है। यदि आप लक्ष्य व पुरस्कार को लिख सकें तो तंत्र और भी प्रभावी हो जाएगा। इससे बच्चे में आज्ञाकारिता भी बढ़ेगी।

2. स्व-निर्भरता हो लक्ष्य : माता-पिता का लक्ष्य यही होना चाहिए कि बच्चा स्वयं कार्य करने लगे व अपने लक्ष्य तथा पुरस्कार तय करने के लिए किसी पर निर्भर न रहे। उसे स्वावलंबी बनाए। जब बच्चा बड़ा हो जाए तो उसे खुद अपना लक्ष्य तथा उसके लिए इनाम (सजा भी) चुनने की छूट मिलनी चाहिए। बच्चा जितनी जल्दी आत्मनिर्भर हो जाए, यह उसके लिए उतना ही बेहतर होगा।

3. पुरस्कार लक्ष्य के चरणों से जुड़ा हो : पुरस्कार को लक्ष्य की पूर्णता से न जोड़ें। कई बार जब लक्ष्य दूर व बड़ा हो तो बच्चा रुचि खोने लगता है। उसकी उसकी रुचि बनाए रखने के लिए प्रयासों के बदले में इनाम देना चाहिए।

यह भी आवश्यक है कि बच्चे को पहले आसान कार्य दिए जाएं तथा कार्य की सफलता के बाद ही इनाम दिया जाए। जब वह बड़ा इनाम पाने के लिए संघर्ष करे तो उसके लक्ष्य का स्तर बढ़ा दें।

पुरस्कृत करते समय सावधानियां

सावधानी 1 : कृपया ध्यान दें कि बच्चे को स्नेह देना, न तो कोई इनाम है और न ही कोई पुरस्कार है। यह तो उसका जन्मजात अधिकार है। आप उसे प्यार करना छोड़ देंगे, ऐसी बातें कहकर, उसके व्यवहार में सुधार नहीं ला सकते। आज के समय में बच्चे को इस तरह की धमकियां देना, भावनात्मक संबंधों के लिए हानिकारक हो सकता है। एकल परिवारों में माता-पिता ही बच्चे के लिए स्नेह के एकमात्र स्रोत हैं। यदि वे ही बार-बार ऐसी चेतावनी या धमकी देते हैं तो बच्चा चिड़चिड़ा, जिद्दी व दब्बू बन जाता है। बच्चा असुरक्षित महसूस करने लगता है। बच्चे की नहीं, उसके अनुचित व्यवहार की निंदा करें। कुंठित व असुरक्षित बच्चा ही दुर्व्यवहारी बनता है। आप कह सकते हैं तुम जो कर रहे हो, उस वजह से मुझे अच्छे नहीं लग रहे। इसका मतलब

होगा जब वह बचा उस गंदे बर्ताव से पीछे हट जाएगा तो आप उसे फिर से प्यार करने लगेंगे।

सावधानी 2 : पुरस्कार बच्चे की इच्छा के अनुसार होना चाहिए। कुछ ऐसा नहीं, जो आपके हिसाब से उसके लिए अच्छा हो। जो बच्चा संगीत ही पसंद नहीं करता, उसके लिए वायलिन का पुरस्कार तो एक सजा ही कहलाएगा। इससे संगीत के प्रति उसके मन में और भी घृणा पैदा होगी—पुरस्कार देने का उद्देश्य ही समाप्त हो जाएगा।

सावधानी 3 : केवल प्रदर्शन पर ही इनाम दें। इसे समय की कमी को पूरा करने की रिश्वत न बनाएं। जैसे—स्कूल कार्यक्रम में समय से न पहुंच पाने की कमी को उपहार देकर पूरा न करें।

उपहार व पुरस्कार में यही अंतर है कि पुरस्कार कमाया जाता है। यदि यह यूं ही दे दिया जाए तो बच्चा मानने लगता है कि वह इससे अधिक क्षमता नहीं रखता।

सावधानी 4 : वादों के बदले पुरस्कार न दें : केवल प्रदर्शन को ही पुरस्कृत करें। अन्यथा आपको प्रदर्शन की बजाए हर बार सुधरे हुए वादे ही मिलेंगे। आपके बच्चे का व्यक्तित्व एक ऐसे व्यक्तित्व में बदल जाएगा, जो झूठे वादे करता है व काम से जी चुराता है।

सावधानी 5 : दुर्व्यवहार को पुरस्कृत न करें : प्राय: रोने का साधन आजमाकर ही अभद्र या बुरे बर्ताव का पुरस्कार पाने की चेष्टा की जाती है। यदि बच्चा किसी नाजायज चीज की मांग करता है, आप सामाजिक रूप से अपमानित होने के भय से तथा उसके रोने से घबराकर बात मान लेते हैं तो जान लें कि आपने उसे बुरे व्यवहार के लिए पुरस्कार दिया है। अगली बार वह मांग पूरी कराने के लिए और भी जोर से रोएगा (नकारात्मक व्यवहार में वृद्धि)।

याद रखें : प्रशंसा व पुरस्कार सबसे बुनियादी पुरस्कार है। प्रशंसा से बच्चा विश्वास तो करता है कि उसने अच्छा कार्य किया है पर नुकसान यह है कि वह आगे भी, दूसरों से प्रशंसा पाने के लिए ही अच्छा व्यवहार करता है तथा निरीक्षण में ही अनुशासित होता है।

वहीं दूसरी ओर 'प्रोत्साहन' का मनोवैज्ञानिक प्रभाव अधिक होता है। बच्चा स्व-अनुशासित होता है तथा किसी के द्वारा निरीक्षण न होने पर भी दुर्व्यवहार नहीं करता।

     क्यों मेरा बच्चा अशिष्ट व्यवहार करता है

कृपया ध्यान दें : प्रोत्साहन का लक्ष्य यही होना चाहिए कि वर्तमान व्यवहार में सुधार ही—संपूर्णता के लिए प्रयास नहीं होता। समझौते के रूप में आप सकारात्मक प्रोत्साहन के लिए दो-चरणीय पहल अपना सकते हैं। पहला चरण—आरंभ में प्रशंसा करें, दूसरा चरण—दीर्घकालीन लाभों के लिए प्रशंसा के साथ प्रोत्साहन को शामिल कर दें।

दण्ड : इस प्रक्रिया में नकारात्मक व्यवहार का दमन किया जाता है अत: भविष्य में इसका अधिक प्रयोग नहीं होता। कृपया ध्यान दें, एक 'प्रभाव' ही परिणाम या दण्ड को परिभाषित करता है। इस प्रकार 'प्रदर्शन दण्ड' वह होता है जिसमें हम कॉपी में गंदा कार्य लिखकर; डांट-फटकार, छुट्टी के बाद भी कक्षा में बैठने की सजा व शारीरिक दंड आदि देकर देते हैं। त्याग तथा अप्रत्यक्ष दण्ड में हम सुविधाओं में कटौती कर देते हैं, जैसे—सैर पर जाने से रोकना, भोजन के बाद मीठा व्यंजन न देना। ऐसा करने से भविष्य में गलतियों के दोहराने की संभावना घट जाती है।

सजा या दण्ड के प्रकार : भिन्न-भिन्न प्रकार की सजा में बच्चे के दुर्व्यवहार को प्रभावित करने के भिन्न-भिन्न गुण होते हैं तो परिणाम को देखकर प्रत्येक प्रकार की गलती के लिए अलग-अलग सजा तय की जानी चाहिए।

1. इस सजा में बच्चे को उसके कार्यों के नकारात्मक प्राकृतिक प्रभाव सहने के लिए छोड़ देते हैं व कोई दखल नहीं दिया जाता। यदि वह खाते समय दाल, सब्जी या चपाती में अरुचि दिखाता है तो उसे भूखे रहने की सजा दे सकते हैं। यदि वह मॉल में बुरा बर्ताव करे तो उसे घर में रहने की सजा दे सकते हैं। यदि यह स्थिति बच्चे को किसी तरह की हानि नहीं पहुंचाती तो यह एक दीर्घकालीन व्यवहार संशोधन का साधन बन जाएगी।

2. तर्कसंगत दुष्परिणाम भी एक प्रभावी तरीका है। इस तर्कपूर्ण विधि में बच्चे के सुधार की अनेक संभावनाएं हैं। यह विधि कुछ ऐसी है, मान लीजिए कि बच्चे ने फर्श पर पानी गिरा दिया तो उसकी सजा होगी कि फर्श वही साफ करेगा परंतु यह तरीका प्राकृतिक नहीं क्योंकि इसमें माता-पिता भी शामिल होते हैं तथा यह पूर्व निर्धारित कार्यक्रम के अनुसार होता है।

3. **सुविधाओं में कटौती** : जैसे बुरा बर्ताव किया तो आज साइकिल चलाना बंद, खाने की मेज पर तंग किया तो मीठा नहीं मिलेगा। इस साधन के दीर्घकालीन दुष्प्रभाव बहुत कम हैं। यदि यह पहले से तय हो तो इसे और भी प्रभावी बना सकते हैं। इस सजा के पीछे तर्क है; बच्चा सीखता है कि सुविधा के साथ कुछ उत्तरदायित्व भी आते हैं तो जिम्मेवारी में कमी न सुविधा में कटौती।

4. **सहयोग न देना** : यह भी एक प्रभावी साधन है। दुर्व्यवहारी बच्चे से लंच के समय तक बात न की जाए या लंच न दिया जाए। जो बच्चा ठीक से खाना नहीं खाता, यह उसके लिए कुछ कठोर सजा है, ऐसी सजा देने से दुगना फायदा हो सकता है। यह सजा बच्चे के स्वभाव में लंबे समय के लिए सुधार करती है।

5. **कहीं बंद कर देना** : यह सजा दो तरह से प्रभाव डालती है। पहला—बच्चा बंद कमरे में विचार कर सकता है कि उसका व्यवहार क्या रहा। उसे अपने स्वभाव के मूल्यांकन के लिए शांत दिमाग से सोचने का वक्त मिलेगा। जो बच्चा अपने व्यवहार से दूसरों का ध्यान आकर्षित करना चाहता है, उसे सबक मिलेगा। बस उसे किसी अरुचिकर स्थान पर बंद न करें (बदबूदार शौचालय)।

6. **शारीरिक दण्ड** : यह तरीका सबसे अंत में इस्तेमाल किया जाना चाहिए क्योंकि यह संकेत देता है कि आप अपने ऊपर नियंत्रण खो चुके हैं। आप बच्चे को थप्पड़ मारें या उस पर चिल्लाएं, इससे बेहतर होगा कि उसे ये सजा दें–

- धूप में पार्क के दो चक्कर लगाना।
- बीस बार उठक-बैठक करना।
- पांच बार तीन मंजिला मकान की सीढ़ियां चढ़ना-उतरना।

इस तरह की सजा से उसे सबक मिलता है कि यदि उसने अपना बर्ताव नहीं सुधारा तो ये सजाएं आगे भी मिलती रहेंगी। इससे उसकी सेहत पर बुरा असर नहीं होता इसलिए इन्हें बढ़ा भी सकते हैं। ये दूसरी सजाओं की तुलना में कम अपमानजनक भी होती हैं

शारीरिक दण्ड : अंतिम उपाय क्यों?– इस तरीके को आप गंभीरतम दुर्व्यवहार के लिए रखें। यह एक विवाद का विषय है कि सजा दें या नहीं; मैं इस विवाद में पड़े बिना इसके अच्छे-बुरे पहलू बताता हूं।

क्यों मेरा बच्चा अशिष्ट व्यवहार करता है

दण्ड देने के प्रभाव :

1. बच्चे को संकेत यह मिलता है कि वह तुरंत उस उपद्रव को रोक दे। बेशक उसके द्वारा की जा रही हानि काफी अधिक होती है।

2. बच्चा तुरंत दुर्व्यवहार से बाज आता है।

3. बच्चे का गलत आत्मविश्वास तुरंत कुचला जाता है।

4. हमेशा की चीख-चिल्लाहट से तो बेहतर ही है।

5. यदि कभी-कभी प्रयोग करें तो लंबे समय तक याद रखता है, लोग पचास साल बाद भी उस थप्पड़ को नहीं भूलते, जो कभी प्यारे चाचा/मामा के हाथों खाया था।

दुष्परिणाम :

1. बच्चे की मानसिक स्थिति पर सबसे बुरा असर होता है। यदि बार-बार शारीरिक दण्ड दिया जाए तो बच्चे की आत्म-छवि क्षीण होती है व असुरक्षा की भावना जन्म लेती है। बच्चा विद्रोही, चिड़चिड़ा व दुर्व्यवहारी होकर अपशब्दों का प्रयोग करने लगता है–यह एक बहुत बड़ी हानि है।

2. इससे बच्चे को संदेश मिलता है कि एक माता-पिता के रूप में, आप उस पर नियंत्रण रखने में असफल रहे। आप उसे नैतिक शिक्षा नहीं दे पाते व बच्चे के साथ दीर्घकालीन संबंध भी प्रभावित होते हैं।

3. संवेदनशील माता-पिता बच्चों को दण्ड देने के बाद अपराधबोध से ग्रस्त हो जाते हैं। वे बच्चों को प्रसन्न करने के लिए तरह-तरह की वस्तुएं देते हैं व भविष्य में उनकी भूलों को भी उपेक्षित कर देते हैं। यह व्यवहार बच्चे को भ्रमित संकेत देता है।

4. ऐसे बच्चे बचाव की स्थिति में आ जाते हैं तथा सजा के भय से गलतियां छिपाते हैं। इन आदतों से बच्चों का भविष्य चौपट हो जाता है।

5. जैसाकि कहा गया, यह अंतिम विकल्प है, इसके बाद उस स्थिति में और कुछ भी कारगर नहीं होगा।

सजा के साथ समस्या यह है कि हमें अवांछित दीर्घकालीन नकारात्मक प्रभाव झेलने पड़ते हैं जोकि निम्नांकित हैं–

1. **विद्वेष** : बच्चा माता-पिता के प्रति विद्वेषी हो जाता है। उसे लगता है कि माता-पिता अपनी शक्तियों का दुरुपयोग करते हुए उसके साथ अन्याय कर रहे हैं।

2. **क्रोध** : बचा अपने भीतर भरे गुस्से के कारण विद्रोही हो जाता है। वह हठी होकर कह सकता है–'चाहे जो भी कर लो, मैं इसे नहीं करूंगा' या 'आप मुझसे जबरन गृहकार्य नहीं करवा सकते' या 'जितनी मर्जी मार लो, मैं फिर भी छोटे को मारूंगा।'

3. **उदासीनता** : अंतर्मुखी बच्चे सजा मिलने से अवसादग्रस्त हो सकते हैं। वह सोच सकता है : 'मैं इस लायक नहीं कि मां-बाप की उम्मीदों पर खरा उतर सकूं' या वह धूर्त होकर सोचेगा : 'ऐसे तरीके निकालूंगा कि पकड़ा ही न जाऊं।'

सजा के जाल से बचने के उपाय :

1. बुरे बर्ताव पर काबू पाने के लिए सजा के निम्नतम निवारक स्तर का प्रयोग करें। इसके माध्यम से अपनी कुंठा न निकालें।

2. केवल उसी बुरे बर्ताव के लिए सजा दें, जो उसी समय किया हो। सजा देते वक्त पिछले दिन या महीने के दुर्व्यवहार की चर्चा से, इसे मिली-जुली सजा न बनाएं।

3. यदि तार्किक व प्राकृतिक परिणामों से बात बन सकती हो तो सजा देने से पहले उन्हें ही आजमाएं; जैसे–खाते समय तंग करे तो थप्पड़ लगाने की बजाए मेज से खाने की प्लेट उठा लें, उसे भूखा रहने दें।

4. सजा पूर्व निर्धारित हो–बच्चे को पहले ही बता दें कि किस तरह के बुरे बर्ताव के लिए क्या सजा होगी और बच्चा पारिवारिक भेंट में उस पर हामी भरे। इस तरह सजा में अन्याय की गुंजाइश नहीं रहेगी।

5. सजा को पुरस्कार से जोड़ें। पूर्व-निर्धारण के समय ऐसा हो। इससे झटका कम लगेगा। बच्चे के मन में यह बात रहेगी कि उसके पास कोई दूसरा विकल्प भी मौजूद है। इससे बच्चे के मन में सजा से बचने व पुरस्कार पाने का उत्साह भी पैदा होगा।

6. सजा देते समय शांत व संयत भाषा का प्रयोग करें। उसमें नाटकीयता/व्यंग्य शामिल न हो। बच्चे पर किसी तरह की लेबलिंग न करें।

7. सजा की वजह से; बच्चे के प्रति लगाव/स्नेह व देखरेख में न तो कमी आनी चाहिए और न ही ऐसा कोई भाव झलकना चाहिए। इसी वजह से संवेदनशील बच्चों में उदासीनता आ जाती है।

8. यदि हो सके तो बच्चे को सार्वजनिक रूप से अपमानित व प्रताड़ित न करें; यह सजा के जाल से बचने का ठोस उपाय है।

9. यदि हो सके तो सजा देने से पहले माहौल थोड़ा शांत होने दें ताकि बच्चे को भी एहसास हो सके कि उसने किस गलती पर यह सजा पाई।

10. सजा से अपराधबोध को न जोड़ें। याद रखें कि आप बच्चे की भलाई के लिए अपना कर्तव्य निभा रहे हैं।

11. अपनी बात पर अटल रहें; शिकायतों व माफीनामों के बावजूद अपना काम जारी रखें। बेशक, मुझे पता है कि आपके बच्चे का मासूम चेहरा उस वक्त दिल को नम कर सकता है। यदि सजा से मुक्त करना भी चाहें तो वह वादों पर नहीं, कार्यों पर आधारित होना चाहिए। यदि कोई भी अप्रिय स्थिति किसी वादे पर समाप्त होगी तो इससे बच्चे का दुर्व्यवहार नहीं घटेगा बल्कि वादे की आदत पनपेगी। सजा केवल इसलिए माफ न हो कि आपका मूड नहीं था या आप सामाजिक दबाव में आ गए।

अंत में, प्रिय मित्रों। आपके हाथ में एक प्रभावी साधन है किंतु इसका सावधानी से प्रयोग करें; जिस बच्चे पर इसका प्रयोग किया जा रहा है, यह उसे हानि भी पहुंचा सकता है।

बुद्धिमता का सूत्र : *दुर्व्यवहार की रोकथाम के लिए कम-से-कम निवारक सजा का प्रयोग करें व संभावित पुरस्कार को इससे जोड़ें।*

2. समाधान
अपनी अपेक्षाएं आदर्श बनाएं

जैसा मैंने पहले भी कहा, एक दुर्व्यवहारी बच्चा हतोत्साहित बच्चा होता है। उसके भ्रमित होने का एक कारण यह भी है कि बच्चा नहीं जानता कि उससे क्या व कितनी अपेक्षा की गई है।

तो इसे अनदेखा करने के लिए हमें **एक माता-पिता के रूप में बच्चे से की गई अपेक्षा का प्रबंधन करना होगा।** याद रखें, अपेक्षाएं एक दोधारी तलवार की तरह होती हैं; जहां एक ओर ये बच्चे के व्यक्तित्व को दुर्व्यवहार से मुक्त कर विजेता बना सकती हैं, वहीं दूसरी ओर यह हमेशा के लिए उसके व्यवहार को मारकर, एक अवसादग्रस्त या विद्रोही व्यक्तित्व बना सकती हैं।

बच्चा जिस व्यक्ति का ध्यानाकर्षण सबसे पहले चाहता है, वे उसके माता-पिता ही हैं। वह हमेशा उनकी अपेक्षाओं पर खरा उतरना चाहता है। यदि आपकी अपेक्षाएं भारी हुईं तो वह नियमित रूप से उन पर खरा नहीं उतर

क्यों मेरा बच्चा अशिष्ट व्यवहार करता है

पाएगा। निरंतर हाथ आई असफलता से कुंठा व हीनभावना जन्म लेंगे व दुर्व्यवहार के रूप में सामने आएंगे।

वहीं दूसरी ओर यदि बच्चे से थोड़ी अपेक्षा रखी तो उसे लगेगा कि वह किसी योग्य नहीं है, अधूरेपन की यही भावना, व्यक्तित्व को बौना बना देगी। ऐसे बच्चे जीवन में सफल नहीं हो पाते।

> जैसा एरिकसन ने कहा है, जो बच्चे आरंभिक वर्षों में संदेह का अधिक सामना करते हैं, वे जीवन में अपनी योग्यताओं के प्रति विश्वस्त नहीं हो पाते। ऐसे बच्चे ही दुर्व्यवहारी होते हैं।

तो अपेक्षाओं के मामले में उचित संतुलन क्या हो? हालांकि कोई सटीक फार्मूला तो नहीं पर आप कह सकते हैं कि आपकी 60-70 प्रतिशत अपेक्षाएं बच्चे द्वारा पूरी होने योग्य होनी चाहिए। यदि आपको लगता है कि यह प्रतिशत अधिक है व बच्चा केवल 30-40 प्रतिशत तक ही पूरी कर पाता है तो अपनी अपेक्षाओं का मापदंड घटाएं क्योंकि वे उसकी योग्यताओं से कहीं ऊपर हैं।

इसके विपरीत यदि आपको लगे कि बच्चा अधिक प्रयत्न किए बिना ही सारी अपेक्षाओं पर खरा उतर रहा है तो अपना मापदंड बढ़ाएं ताकि उसकी क्षमता में वृद्धि हो।

> आप एक अनुमान से कह सकते हैं कि 60 से 70 प्रतिशत अपेक्षाएं पूरी करने योग्य होनी चाहिए।

अपेक्षाओं का यह संतुलन बहुत महत्त्व रखता है तभी बच्चा दुर्व्यवहार से दूर रह पाता है। जो बच्चा पहले से ही बुरा बर्ताव करता है, उसके लिए दुर्व्यवहार से सुधार की योजना बनाने से पहले ही यह संतुलन आरंभ हो जाना चाहिए।

बुद्धिमता का सूत्र : अपनी अपेक्षाओं के प्रति सावधान रहें। आवश्यकता से अधिक या कम अपेक्षाएं; दोनों ही दुर्व्यवहार को जन्म देती है।

3. समाधान
सम्मान अर्जित करना

सम्मान—इसे माता-पिता व बच्चों के संबंध की बुनियाद होना चाहिए परंतु बड़े ही दुर्भाग्य से कहना पड़ता है कि यह उनके बीच सबसे कमजोर कड़ी है। यद्यपि सभी माता-पिता इसे ढकने का प्रयत्न करते हैं, उन सबके पास सम्मान के विषय में विभिन्न परिभाषाएं हैं और वे उसी के अनुसार उसे अलग तरीकों से पाना चाहते हैं। कई तो केवल इसी बात पर सम्मान पाने का दावा करते हैं कि उन्होंने बच्चे को जन्म दिया है। कई इसे अपना दैवी सौभाग्य मानते हैं। कइयों का मानना है कि वे इसे खरीद सकते हैं या रिश्वत देकर पा सकते हैं। यह उन मामलों में खासतौर से सच होता है जहां दोनों माता-पिता बच्चे को अपनी ओर खींचने के संघर्ष में लगे रहते हैं।

अधिकतर माता-पिता को काफी समय बाद यह एहसास होता है कि बच्चे के विचार अलग हैं। उसे इस बात से फर्क नहीं पड़ता कि उसके उस मां-बाप

ने जन्म दिया है व इसके विपरीत वह दुलार पाने को अपना दैवी अधिकार मानता है। माता-पिता को इन तथ्यों के बारे में जान लेना चाहिए :

> सम्मान केवल अर्जित कर सकते हैं–न तो खरीद सकते हैं, न ही हक से मांग सकते हैं और न ही इसे पाने के लिए गिड़गिड़ा सकते हैं।

> सम्मान से ही सम्मान मिलता है।

> यदि आप बच्चे में बुनियादी व्यक्तित्व को सुधारने में सहायता करें तो उसके व्यवहार को भी संशोधित कर सकते हैं।

इन्हीं तथ्यों में सम्मान पाने का समाधान व दुर्व्यवहार से बचने का हल छिपा है। इन्हें एक-एक कर जानें :

1. आदर-मान अर्जित करना : जैसा मैंने कहा कि आपके छोटे-छोटे त्याग व कार्यों के बल पर ही आप आदर-मान अर्जित कर सकते हैं। इसे दर्शाने के लिए एक कहानी सुनाना चाहूंगा—

☞ पिता बच्चों के साथ फुटबॉल का मैच देखने गया। दाखिले की फीस थी –12 से अधिक आयु के बच्चों के लिए 100 रुपए, 6 से 12 वर्ष के बच्चों के लिए 50 रुपए तथा 6 वर्ष से कम आयु वालों के लिए नि:शुल्क।

उस आदमी ने किसी तरह जेबें टटोलकर टिकटों के पैसे निकाले व टिकट खिड़की पहुंचकर बोला : "मुझे 5 टिकट चाहिए। एक मेरे लिए, दो मेरे साढ़े बारह व साढ़े तेरह साल के बच्चों के लिए, दो छ: व सात साल के बच्चों के लिए।"

टिकट क्लर्क देख रहा था कि उस व्यक्ति ने किस तरह खुले पैसे निकालकर सारे पैसों का प्रबंध किया था। वह हमदर्दी दिखाते हुए बोला : "आप मुझे आसानी से कह सकते थे कि आपके दो बच्चे 12 साल से कम है तथा दोनों छोटे छ: साल से कम हैं। मुझे यह अंतर पता भी न चलता।"

व्यक्ति ने मुस्कुराकर उत्तर दिया : "हां, हो सकता है कि आपको अंतर पता न चलता परंतु मेरे बच्चों को तो अवश्य पता चलता।"

अब इस प्रकार पिता ने अपने लिए सम्मान कमाया। जब ऐसे माता-पिता बच्चे को बुरा बर्ताव न करने की सलाह देते हैं तो बच्चे सकारात्मक प्रतिक्रिया देते हैं व दुर्व्यवहार की लक्ष्मण-रेखा नहीं लांघते।

आपको एहसास होना चाहिए कि जब भी आप बच्चे के सामने मौजूद

आप किसी भी काम से अपना सम्मान खो सकते हैं, जो आपको बच्चों की नजरों में छोटा बना देगा।

तो बच्चे के सामने कुछ भी कहते या करते समय सावधान रहें।

हैं तो ऐसे ही पेश आएं, मानो मंच पर हैं। बच्चा चेतन/अवचेतन रूप से, आपके प्रत्येक कार्य को आलोचक की दृष्टि से देखता है। हो सकता है कि वह आपके प्रदर्शन की तारिफ न करे परंतु आपके कार्यों के अनुपात से ही आपका सम्मान घटेगा या बढ़ेगा।

सम्मान अर्जित करने के लिए कुछ निश्चित पहलू बहुत महत्त्व रखते हैं:

अ बच्चे से तब तक ज्यादा स्मार्ट रहें जब तक वह आपकी छत्रछाया से निकलने के योग्य न हो जाए : सुनने में भले ही अटपटा लगेगा किंतु तथ्य यही है कि प्री-स्कूल व प्राइमरी स्कूल तक के बच्चे भी प्राय: स्वयं को माता-पिता से ज्यादा स्मार्ट समझते हैं व उन्हें परखते रहते हैं।

कभी-कभी वह आपसे आगे निकलना चाहे तो ठीक है परन्तु अगर वह हमेशा ऐसा ही करना चाहे तो उसे नियंत्रित करें क्योंकि अभी वह अपरिपक्व है। यहां तो वह अपनी हर मांग पूरी करवा रहा है पर बाहरी दुनिया में उसे असफलता का सामना करना होगा, उसका उसके व्यक्तित्व पर गलत प्रभाव होगा।

ब. सम्बंधों पर ध्यान दें, बच्चे आपसे प्रतिस्पर्धा में आगे जाना चाहते हैं :

अक्सर माता-पिता को यह कहते सुना जाता है, "हमारे वक्त में बच्चे जैसे होते थे, आजकल वैसे

आजकल बच्चे ऐश्वर्यपूर्ण जीवन चाहते हैं। उनकी कार्यशैली में अशिष्टता झलकती है। वे अधिकारियों से घृणा व द्वेष रखते हैं। शारीरिक व्यायाम की बजाए प्रेम कहानियों के चटखारे चाहते हैं। मां-बाप के खिलाफ जाते हैं... अध्यापकों पर आतंक से अत्याचार ढाते हैं...क्या आप जानते हैं, ये किसने कहा था। विश्वास करें, ये महान विचार सुकरात (प्लेटो के अनुसार) ने स्वर्ण युग में दिए थे।

क्यों मेरा बच्चा अशिष्ट व्यवहार करता है

नहीं है।" प्राय: चालीस वर्ष से अधिक आयु के माता-पिता ही ऐसा कहते हैं।

क्या यह मात्र उनकी धारणा है? या वाकई आजकल के बच्चे अशिष्ट, आक्रामक व बुरे हैं? जी हां, यह सच है। हर पीढ़ी के साथ बच्चे की मांग भी बढ़ती चली जाती है। क्यों? बच्चे माता-पिता को ही अपना रोल-मॉडल जो मानते हैं।

पुराने संयुक्त परिवारों में पिता दादा का हुक्म मानते थे, पत्नी पति की हर बात मानती थी। ठीक इसी तरह पुत्र भी पिता की आज्ञा का पालन करता था व किसी भी तरह के दुर्व्यवहार की गुंजाइश ही नहीं रहती थी। छोटे गांवों व शहरों में आज भी यह सब देखा जा सकता है।

बदलते वक्त के साथ नौजवान व महिलाएं; अपने निर्णयों में पहले से अधिक स्वतंत्रता चाहने लगे हैं। बच्चे माता-पिता से यह स्वतंत्रता चाहते हैं तो महिलाएं अपने पतियों से। आगे उनके बच्चे भी (इसमें कोई हर्ज नहीं)। उन्हें देखते हैं व इसी तरह का व्यवहार करते हैं।

यदि आप किसी परिवार का परीक्षण करें तो पाएंगे कि जहां बच्चे व उनके माता-पिता में संघर्ष चलता है, वहां उनकी पीढ़ियां भी उसी संघर्ष से गुजर चुकी होती हैं व गुजरती हैं।

दादा का पुत्र पर नियंत्रण समाप्त→पुत्र का पत्नी पर नियंत्रण समाप्त→पत्नी की बच्चे पर नियंत्रण समाप्त→बच्चा, जोकि दुर्व्यवहार के माध्यम से अपनी आजादी व हक चाहता है।

वहीं दूसरी ओर, जिन घरों में बड़ों का सम्मान होता है किंतु पत्नी व छोटों को बिना कहे स्वतंत्रता मिलती है, वहां बच्चे कहीं सभ्य व शिष्ट होते हैं। ऐसा पढ़े-लिखे सुसंस्कृत परिवारों

> **यदि बच्चे से सम्मानजनक बर्ताव चाहते हैं तो वही सम्मान आपको अपने माता-पिता/पति को देना होगा; क्योंकि बच्चा जो देखता है, वही करता है।**

में होता है, जहां बच्चों को एहसास होता है कि स्वतंत्रता उनकी अपनी है, उसे पाने के लिए दुर्व्यवहार करने की आवश्यकता नहीं है।

तो बच्चे से सम्मानपूर्ण व्यवहार पाने का एक ही तरीका है कि आप अपने सास-ससुर/पति को भी सम्मान दें। बच्चा इस अधिकार को मान लेगा, ऐसा तभी होगा जब वह देखेगा कि घर में अधिकार का मान होता है।

2. बच्चे को सम्मान देना : बच्चे से सम्मान पाने की प्रक्रिया में यह एक महत्त्वपूर्ण चरण है। सवाल यह पैदा होता है कि आप बच्चे को सम्मान किस प्रकार देते हैं। आपको बच्चे के विचारों व वैयक्तिकता को मान देना होगा। यह कई प्रकार से होता है–

I. एक 'रोल मॉडल' बनें–कोई उपदेशक न बनें–उदाहरण से नेतृत्व करें :

☞ एक बार मैंने उज्ज्वल की मां से कहा : "आप तो एक रिसेप्शनिस्ट हैं, जिसे हमेशा आने वालों से हंसकर मिलना पड़ता है। कितना मुश्किल होता होगा कि उन्हें कही जानेवाली हर बात पर पूरा ध्यान दिया जाए।" मैं जानता था कि वे कॉस्मेटिक डेंटल क्लीनिक में रिसेप्शन पर कार्यरत हैं जहां बड़ी-बड़ी हस्तियों से निपटना पड़ता है, जो एक मरीज के रूप में आकर हाय-तौबा मचा देती हैं। वे बोली: "सचमुच ऐसा नहीं है क्योंकि मैं तो असल जिंदगी में भी मंच के पीछे ही होती हूं, जहां मेरे हर काम व हर बात पर नजर रखी जाती है व उसका मेरे जीवन पर गंभीर प्रभाव पड़ता है।" मुझे हैरान देख वह बोली : "यह न भूलें कि मैं दो बच्चों की मां हूं। मेरी हर क्रिया पर उनकी नजर है व इसी के आधार पर उनका व्यक्तित्व बनेगा।" मैंने बाद में उनकी बातों पर विचार किया तो उनमें सच्चाई छिपी नजर आई।

हमारे बच्चे हर पल हमारा निरीक्षण करते रहते हैं। वे हमारे शब्दों का नहीं, कार्यों का अनुसरण करते हैं। बच्चों का व्यक्तित्व यह देखकर पनपेगा कि हम क्या कर रहे हैं, न कि हम उन्हें क्या करने को कह रहे हैं। संकट की घड़ियों में तो यह और भी महत्त्व रखता है। यदि आप परिपक्वता व ठंडे दिमाग से किसी हालात पर नियंत्रण पाते हैं तो न केवल बच्चा भी वही करना सीखेगा बल्कि उसकी नज़रों में आपका सम्मान और भी बढ़ जाएगा।

II. उसके नजरिए को जानें : बच्चे के मन को जानें। उसके नज़रिए से सब-कुछ देखें। तभी आप जान पाएंगे कि वह जैसा है, वैसा क्यों है। तब आपको एहसास होगा कि जो छोटी-छोटी बातें आपको गैर-जरूरी लगती हैं, वही आपके बच्चे के लिए इतनी अहमियत क्यों रखती हैं, सहपाठी से हुई जिस हल्की-सी झड़प को आपने यूं ही चलता कर दिया था, इससे उसका कितना अपमान हुआ, मानो वह कक्षा में फेल ही हो गया हो।

इस तरह आप जान पाएंगे कि वह भीतर से वैसा क्यों है। तब आप उसे रोने पर 'रोंदू' या 'चीखू' नहीं कहेंगे क्योंकि आप समझ पाएंगे कि बच्चा इसलिए रो रहा है या चीख रहा है क्योंकि उसे लगता है कि आप उसे सुन नहीं रहे।

III. उसे कार्य सौंपे : जी हां, उसे निश्चित रूप से कार्य व उससे जुड़े दायित्व सौंपे। उसे उन्हें करने के लिए पूरी छूट दें व मनचाहे तरीके से काम करने दें। जैसे अपने लिए बाजार से कुछ खरीदना, अपनी पढ़ाई का टाइम-टेबल बनाना या खाने की मेज लगाना आदि। इस तरह धीरे-धीरे जीवन के सभी पहलुओं में उसे स्वतंत्र रूप से जिम्मेदारी देना शुरू कर दें। इस तरह आप उसे सम्मान दे रहे हैं। यदि प्रारंभ से ही ऐसा करेंगे तो वह एक आत्मविश्वास से भरपूर स्वतंत्र व्यक्तित्व के रूप में सामने आएगा, जिसे किसी भी तरह का दुर्व्यवहार करने की आवश्यकता ही नहीं होगी।

यह भी आवश्यक है कि काम देने के बाद उसके सिर पर खड़े रहकर निरीक्षण न करें। यदि मेज लगाते समय दो गिलास टूट भी गए तो कोई आसमान नहीं टूट पड़ेगा लेकिन आपके दखल देने से उसका व्यक्तित्व बुरी तरह से प्रभावित होगा।

(iv) धैर्य : माता-पिता में धैर्य होना बहुत मायने रखता है।

जब बच्चा अपनी किताब में रंग भर रहा है या गाड़ी चला रहा है तब आपका धैर्य खोना, उसके प्रति सम्मान खोना दर्शाता है। फिर बच्चा भी आपको सम्मान नहीं देगा।

किसी छोटे बच्चे के साथ धैर्य बरतने का अर्थ होगा कि आप उसके सीखने के ग्राफ को समझ रहे हैं। उसे उसकी गति के अनुसार सीखने दें। जब भी उसे किसी गलत काम के लिए फटकारने की नौबत आए तो सबसे पहले मन को शांत करें, धैर्य धारण करें व फिर आगे बढ़ें।

3. बच्चे के व्यक्तित्व निर्माण में आपकी भूमिका : जैसाकि मैंने कहा, हमें बच्चे के व्यक्तित्व में इस तरह सुधार लाना है कि वह स्व-अनुशासित बन सके। यह आपके दण्ड व पुरस्कार के तार्किक प्रयोग पर निर्भर करता है। उसके अच्छे कामों के लिए प्रोत्साहित करते हुए पुरस्कार दें व गलत काम पर लताड़ें, यदि आवश्यक लगे तो सजा भी दें। तभी एक स्व-अनुशासित व्यक्तित्व सामने आ पाएगा।

यहां यह भी याद दिला दूं कि यदि आप अकारण बच्चे को दंडित या पुरस्कृत करते हैं तो निश्चित रूप से उसकी नजरों में सम्मान खो देंगे। सजा को प्रभावी बनाने के लिए आवश्यक है कि बच्चे को उसके दुर्व्यवहार का एहसास दिलाया जाए। यदि कोई उचित तर्क साथ में प्रस्तुत न हो तो अनुशासन का रूप ही बदल जाता है व लगता है कि माता-पिता बच्चे की तुलना में सशक्त होने के कारण उसे दबा रहे हैं।

अनुशासन कायम करते समय भी बच्चे की मर्यादा को चोट न पहुंचाएं, क्रोध के आवेश में आकर स्वयं ऐसा व्यवहार न करें कि बच्चा आपका अनादर करने लगे। बच्चे को हमेशा पूरा हक मिलना चाहिए कि वह अपनी बात व सफाई पेश कर सके।

हो सकता है कि यह सब देखने में मुश्किल लगे परंतु सम्मान अर्जित करना इतना आसान भी नहीं होता। यदि पुरस्कार लाभप्रद हो तो प्रयास भी सार्थक जान पड़ते हैं।

बुद्धिमता का सूत्र : दुर्व्यवहार से बचना चाहते हैं तो बच्चे का सम्मान अर्जित करना सीखें।

4. समाधान
प्रशंसा व प्रोत्साहन

किसी दुर्व्यवहारी बच्चे के माता-पिता से प्राय: मनोवैज्ञानिक (विशेषकर पश्चिमी मनोवैज्ञानिक) पूछते हैं कि यदि बच्चे ने पूछा होता : "मैं चाहता हूं कि आप मुझे गले लगाएं व प्यार दें। तो क्या आप उस पर झल्लाते।"

माता-पिता का उत्तर होता है : "कभी नहीं, बिल्कुल नहीं!" फिर माता-पिता को समझाया जाता है–अ) दुर्व्यवहार करनेवाला बच्चा निरुत्साहित है। वह चाहता है कि उसे प्यार दिया जाए व उसकी तरफ ध्यान दिया जाए, बस वह यह नहीं जानता कि इस लक्ष्य तक कैसे पहुंचा जाए। ब) बुरी आदतों का विकास आपके क्रोध, उसकी प्रतिक्रिया, आपके अपराधबोध व उसके प्रतिशोध का जटिल सिंड्रोम है। स) तो उसके दुर्व्यवहार में सुधार एवं बुरी आदतों के विकास को अनदेखा करने के लिए आपको उसे और अधिक प्यार देना होगा।

क्या मनोवैज्ञानिक सही कहते हैं?

मेरे अनुसार, वे आंशिक रूप से सही हैं।

उनके पहले दो बिंदु सही है कि बच्चे अधिक दुलार पाने की चाह में बुरा बर्ताव करते हैं। दुर्भाग्यवश इसका विपरीत होता है। आपकी नजरों में उसके लिए प्यार घटता है और बच्चा हतोत्साहित हो जाता है।

अत: एक दुर्व्यवहारी बच्चा हतोत्साहित बच्चा है।

समाधान (स) भ्रामक है, वे दुर्व्यवहार को सुधारते समय एक गणित समीकरण के रूप में लेते हैं कि जहां दो नकारात्मक मिलकर एक सकारात्मक बनते हैं जबकि वास्तविकता में आपकी उसकी इसी सोच को बल देते हैं कि 'मैं चीख-चिल्लाकर मां-बाप का प्यार पा सकता हूं' और यही अवधारणा भावी दुर्व्यवहार का कारण बनती है।

तो हमें क्या करना चाहिए?

हतोत्साहित बच्चे का समाधान : पहले स्वयं तथा बच्चे के मन को शांत होने दें। उस गलती के लिए दण्ड नियत करें ताकि अनुशासन कायम हो सके। यह प्रोत्साहन की प्रक्रिया का सबसे महत्त्वपूर्ण चरण है, जो आपके संदेश में शामिल होना चाहिए। इससे बच्चे को हालात पर काबू पाने व अनुशासित होने के अधिक अवसर मिलते हैं, उसका बुरा बर्ताव घटता है, वह पहले से अधिक मान-सम्मान व ध्यान पाता है।

किसी हतोत्साहित बच्चे के आत्मविश्वास को जागृत करने में दूसरा चरण और भी अधिक महत्त्व रखता है। आइए इसे विस्तार से देखें :

स्व-अस्तित्ववादी सिद्धांत व आत्मसम्मान :

स्व-अस्तित्ववादी सिद्धांत हमारी स्वयं के बारे में धारणा है। यह एक ऐसी ज्ञानपरक संरचना है, जिससे आप अपने अस्तित्व का अनुमान लगा सकते हैं। यह एक मान्यता है कि आप कौन हैं, क्या हैं? जैसे आप यह मानते हैं कि आप एक बेहतरीन क्रिकेट खिलाड़ी हैं।

वहीं दूसरी ओर **आत्मसम्मान** एक ऐसा मूल्य है जो हमारी क्षमताओं व व्यवहार पर निर्भर करता है; जैसे आप अपने बैटिंग कौशल, आपकी छवि, पारिवारिक स्तर पर स्कूली उपलब्धियों के बारे में कितना अच्छा महसूस करते हैं। यदि हम अपना सकारात्मक मूल्यांकन करते हैं तो इसका अर्थ है कि हमारा आत्मविश्वास काफी ऊंचा है।

जब एक बच्चा अपने प्रति व अपनी कुशलताओं के प्रति गलत व कमजोर आत्मसम्मान विकसित कर लेता है तो वह प्यार पाने के लिए

    क्यों मेरा बच्चा अशिष्ट व्यवहार करता है

हतोत्साहित होकर, बुरा बर्ताव करने लगता है। यदि उसे सकारात्मक प्रोत्साहन न मिले या उसके अभद्र बर्ताव में सुधार न किया जाए तो वह अपनी बुरी आदतों पर नियंत्रण नहीं रख पाता। इसलिए उसके बुरे व्यवहार पर आपकी आरंभिक प्रतिक्रिया बहुत महत्त्व रखती है।

प्रीपैरेटोरी (नर्सरी स्कूलों) की समस्या : झूठे आत्मसम्मान को बढ़ावा–बुरी आदतों का जन्मस्थल।

मैं इन स्कूलों द्वारा व्यापक स्तर पर फैलाए जानेवाले भ्रम व मिथ्या प्रचार का भी विरोध करता हूं, जिसे वे आत्मसम्मान को बढ़ाने वाली व्यवस्था कहते हैं। हाथों पर बनने वाले स्टार, गुडब्वॉय के स्टिकर, कॉलर पर मुस्कुराते झंडे व 'आज का सबसे अच्छा बच्चा', जैसे तरीके व वाक्य ही उनके प्रोत्साहन के तथाकथित तरीके हैं।

यहां समस्याओं की दो परतें हैं :

1. **सबसे पहले तो उन सब बच्चों का क्या, जिन्हें उस दिन या सप्ताह में खास होने का स्टिकर नहीं मिला।**

   तीन या चार साल के छोटे बच्चे अपने बारे में सकारात्मक व आशावादी विचार रखते हैं (जिसके पीछे माता-पिता का प्रोत्साहन होता है)। यदि इसे बरकरार रखा जाए तो ये बच्चे आत्मविश्वास से भरपूर व्यक्तित्व पाते हैं। क्या किसी ने शोध किया कि दो वर्ष का बच्चा, एक दिन अच्छा होने व दूसरे दिन अच्छा न होने का मतलब जानता है। उसे कैसे समझाएं कि वह केवल माता-पिता का केंद्रबिंदु है परन्तु कक्षा का स्टार होने योग्य नहीं है। क्या हम इस तरह उसकी नाजुक आत्मसम्मान को दीर्घकालीन नुकसान पहुंचाना शुरू नहीं कर देते।

2. दूसरे किसी बच्चे का आत्ममूल्य किसी बाहरी व्यक्ति के विचार/प्रतिक्रिया पर निर्भर करना (जिसकी भूमिका में अधिकतर शिक्षक होता है) ही एक गलत धारणा है। दरअसल ऐसे बच्चों का यही विश्वास होता है कि

> *"मैडम, मुझे हाथ पर स्टार क्यों नहीं मिला?"*
> *क्या हम जानते हैं कि बच्चे की नजर में उसका आत्ममूल्य घटाए बिना, उसे यह किस तरह समझाना है कि वह इस इनाम या तारीफ का हकदार नहीं था।*

अच्छे व्यवहार की सार्थकता तभी है, जब उसे कोई देखे व सराहे अन्यथा उनके अच्छे व्यवहार का कोई मोल नहीं।

दुर्भाग्यवश, नर्सरी स्कूलों में; बच्चों में छोटी उम्र में ही अक्षमता की भावना पनप जाती है क्योंकि वे उस आयु में ही अप्राकृतिक हमउम्र प्रतियोगिताओं से जूझते हैं। तब तो वे इतना जानने योग्य भी नहीं होते कि प्रत्येक व्यक्ति की विभिन्न क्षमताएं होती हैं। इससे

अक्षमता व हीन आत्मविश्वास का झूठा भ्रम उत्पन्न होता है। इससे हीन भावना पनपती है जोकि आक्रामकता व दुर्व्यवहार का मूल है।

स्व-अनुशासन व आत्मसम्मान के द्वारा अच्छी आदतें ग्रहण करना : अच्छी आदतों के ग्रहण करने पर बात करते हुए यह स्पष्ट है कि उच्च आत्मसम्मान से भरा बच्चा अपने द्वारा स्वनियंत्रित होता है। वह बुरी आदतें सीखने की बजाए अच्छी आदतें सीखने के लिए बाधित है क्योंकि वह स्वनियंत्रित व स्वशासित है।

कृपया याद रखें कि बच्चों में पनपने वाली बुरी आदतों को रोकना बहुत ही आसान है, उनको ठीक करना कहीं कठिन है। बच्चे के भीतर आत्मसम्मान पैदा करने का प्रयास करें ताकि वह स्वयं ही अच्छी आदतों की ओर अग्रसर हों।

आत्मसम्मान को प्रोत्साहन देने हेतु कुछ सुझाव :

- उसके प्रत्येक प्रयास को सराहें व प्रशंसा करें, परिणाम चाहे जो भी हो (जैसा प्री-नर्सरी स्कूलों में नहीं होता)।

- अपनी अपेक्षाएं वास्तविक व प्राप्य बनाएं। अपनी दबी हुई महत्त्वाकांक्षाओं को उनके माध्यम से पूरा करने का प्रयास न करें। यदि बच्चा स्वयं कोई कार्य कर रहा हो तो उसके काम में हस्तक्षेप का अर्थ होगा–उसके आत्मसम्मान को तोड़ना।

क्यों मेरा बच्चा अशिष्ट व्यवहार करता है

- बच्चे को इतना भी कोमल न बनाएं कि वह बाहरी दुनिया की कड़वी सच्चाइयों का सामना न कर सके। घर में राजा, बाहर मेमना व्यक्तित्व वाले बच्चों में आत्मसम्मान की भावना बहुत कम होती है।

- मूल्यांकन की स्पष्ट व्यवस्था बनाएं तथा उसे पहले से ही पता हो कि उससे क्या अपेक्षा हो रही है या किस कार्य के लिए क्या दण्ड अथवा पुरस्कार हो सकता है।

- परिवार व पास-पड़ोस के बच्चों से न तो उनकी तुलना करें और न ही प्रतियोगिता कराएं। बच्चे के प्रयासों की तुलना, उसके प्रयासों के पिछले स्तर से ही की जानी चाहिए।

- बच्चे को आत्म-आलोचना व आत्म-प्रोत्साहन भी सिखाएं ताकि वे दूसरों की देखरेख में ही अच्छे प्रदर्शन के आदि न बनें। मेरे अनुसार यह उनके जीवन में, सफलता के लिए मील का पत्थर साबित होगा।

- कभी किसी बच्चे को अस्वीकृत न करें। उसकी भर्त्सना न करें। असफलता के लिए उत्तरदायी गलत व्यवहार व प्रयास में कमी को ही दूर करने का प्रयास करें। इससे बच्चा अपनी कमी को स्वीकारेगा भी व साथ ही उसका आत्मविश्वास भी बना रहेगा। 'किसी काम का नहीं है', 'बिल्कुल निकम्मा है', 'इसके बस का ही नहीं है' इस तरह के वाक्य बच्चे को पूरी तरह से खारिज कर देते हैं। उसे लगने लगता है कि वह बुरा है तथा कुछ भी करने लायक नहीं है।

- उसे सिखाएं कि वह दूसरों को दोष देने या बहाने बनाने की बजाए अपनी जिम्मेवारी स्वीकारे। ऐसा तभी होगा जब उसे एहसास होगा कि यह भूल उसकी अस्वीकृति का कारण नहीं बनेगी।

- बच्चे से जुड़ी सभी बातों के फैसले लेने से पहले उसे भी शामिल कर लें व सुझाव मांगें। यदि हो सके तो संबंधित गतिविधि या निर्णय में उन सुझावों को शामिल करने का प्रयास करें। बच्चे को कहें कि वह अपने लिए ऐसा समय चुने, जिसमें वह मनमर्जी से खेल सके, उसमें माता-पिता की तरफ से कोई पाबंदी न हो।

- पहल को प्रोत्साहन दें। पहल एक ऐसा शब्द है जिसके अधीन व्यक्ति किसी कार्य को पूरे उत्साह से आरंभ करते हुए अंत तक उसकी पूरी जिम्मेवारी लेता है। इस बेशकीमती गुण को पाने के लिए

निम्नलिखित पर ध्यान दें :

1. **'न' कहने से बचें** : हर चीज को 'न' कहने की बजाए सकारात्मक चुनाव दें जिनमें से वह कोई चुन सके; जैसे वह लंच के समय बिस्कुट मांगे तो 'न' कहने की बजाए कहे कि वह शाम की चाय के समय बिस्कुट खा सकता है।

2. **उसे नए कौशल/खेल/कविताएं सिखाएं** : यदि बच्चा इनमें से कुछ सीखेगा तो अपने साथियों में इसका सम्मान बढ़ेगा। वह हमेशा अजनबियों के सामने भी अपना हुनर दिखाना चाहेगा। अगर कोई बच्चा मंच पर आने से डरता हो तो उसे जादू की ट्रिक सिखाएं। वह जल्दी ही स्वयं स्टेज पर जाना चाहेगा।

3. **बच्चों को छोटी उम्र की कड़ी प्रतियोगिता व अनुशासन से बचाएं** : यह औसत बच्चे में भी पहल की प्रवृत्ति को समाप्त कर सकते हैं।

हो सकता है ये सब बातें सुनने में विचित्र जान पड़ें क्योंकि पेरेंटिंग कोई ऐसी चीज या रोग नहीं, जिसके लिए कोई बंधा-बंधाया फार्मूला देकर इलाज हो सके। यह आपके जीवन का सबसे महत्त्वपूर्ण कार्य है, यदि सही तरीके से किया गया तो आपके जीवन को दिव्य बना सकता है या बेध्यानी रही तो एक दु:स्वप्न भी बन सकता है। हममें से तकरीबन सभी कहीं-न-कहीं बीच में हैं। इस पुस्तक का उद्देश्य यही है कि आपको इस विषय में जानकारी दी जा सके और आप बच्चे के व्यवहार के विषय में सजग व जागरूक भाव से निर्णय ले सकें।

बुद्धिमता का सूत्र : बच्चे को उसके अपने स्तर पर उचित कार्य करने के लिए प्रोत्साहित करना, दुर्व्यवहार से परे ले जाता है।

    क्यों मेरा बच्चा अशिष्ट व्यवहार करता है

5. समाधान
पारिवारिक भेंट

साप्ताहिक पारिवारिक भेंट/विशिष्ट समय–कुल मिलाकर 'एक प्रभावी साधन' :

☞ एक बार मैंने एक कहानी पढ़ी। एक व्यस्त एक्ज़ेक्यूटिव काफी व्यस्त दिनचर्या के बाद ऑफिस से लौटा व सीधा अपनी स्टडी में चला गया ताकि ताजा बिजनेस समाचार जान सके। उसके दस वर्षीय पुत्र ने हल्की मुस्कान के साथ कमरे में, झांककर कहा–"डैड, एक सवाल पूछ सकता हूं?"

"बोलो," डैड ने कहा, बच्चे को निराश नहीं करना चाहते थे।

"आपकी आय कितनी है?" डैड ने सोचा कि इस समय प्रश्न पूछने की क्या तुक बनती है परंतु बच्चे से पीछा छुड़ाने के लिहाज से उन्होंने यूं ही कह दिया–"15 लाख प्रतिवर्ष जमा भत्ते।"

"तो दैनिक आय कितनी हुई?"

"बेटा! इन चीजों का हिसाब-किताब ऐसे नहीं होता।" पिता को खीझ तो

हो रही थी पर फिर पुत्र के आग्रह पर उसने मासिक, साप्ताहिक व दैनिक आय निकाल कर कहा, "4200/- प्रतिदिन।" पुत्र काफी देर तक कागज पर कुछ जोड़-तोड़ करके बोला–"डैड! यानी आप एक घंटे में तकरीबन 175/- कमाते हैं।" डैड ने अधीरता से हामी भरी। बच्चे ने जेब खर्च से बचाए दस के तुड़े-मुड़े नोट जेब से निकालते हुए कहा–"क्या आप मुझे अपने विशिष्ट समय में से एक घंटा देंगे...अगर मैं आपको इतना ही पैसा दूं, बशर्ते कोई सैलफोन या टी.वी. बीच में नहीं आएगा।"

अगर आपको लगता है कि ऐसी कहानियां केवल प्रेरक वक्ताओं के दिमाग की उपज होती हैं तो एक बार फिर से सोचें क्योंकि यह कहानी वास्तव में दिमाग से निकलकर वास्तविक घटना बन चुकी है। मैं यहां लोकप्रिय हो चुके–श्रीमती नूरी (पेप्सिको सीइओ) की पुत्री के ई-मेल का संदर्भ देना चाहूंगा–'मां के विशिष्ट समय में से एक घंटे की मांग।'

जी हां! हमारी व्यस्त दिनचर्या में परिवार के लिए समय ही नहीं निकल पाता ; जहां से अच्छी आदतों व व्यवहार की नींव पड़ती है। जब समय ऐसा है, जो न केवल आपके लिए बल्कि बच्चे के लिए भी बहुत कीमती है; ऐसे में साप्ताहिक भेंट अपने-आप में महत्त्वपूर्ण हो सकती है। प्रत्येक सदस्य के साथ एकांत में बैठकर विचार-विमर्श करना कठिन हो सकता है इसलिए आप सप्ताह में एक बार पारिवारिक भेंट में बच्चों के लिए समय निकाल सकते हैं। नौकर से कहें कि वह बाधा न दें। किसी भी तरह का फोन कॉल न लें व सबसे कह दें कि आप अपने बच्चों के साथ दो घंटों के लिए व्यस्त हैं। वे बच्चे इसे सराहेंगे व मुक्त मन से चर्चा कर सकेंगे कि उनके अभद्र व्यवहार में सुधार की रणनीतियां बनाने का अवसर मिलेगा।

बोनस के रूप में, जब बच्चा वयस्क होगा, तो वह भी इसी तरह आपके लिए समय निकालेगा। उसे इस बात की प्रसन्नता होगी कि वह एक अच्छे माता-पिता के संरक्षण में है, जो उसकी कद्र करते हैं। वैसे अगर आपने कभी अपने जीवनसाथी के साथ भी एकांत में समय नहीं बिताया तो यह बुरी बात है। इससे आपके विवाह पर दबाव पड़ सकता है। (पेरेंटिंग भी विवाह पर दबाब डालनेवाले प्रमुख कारकों में से है), इस तरह तो आप एक प्रभावी माता-पिता के रूप में भी सामने नहीं आ पाएंगे क्योंकि आपके विचारों में मतैक्य नहीं होगा।

बच्चों के साथ बिताए गए समय के दौरान, उन्हें ध्यानपूर्वक सुनना सीखें;

जब तक वे काम की बात पर न आएं; उनकी फालतू बातें सुनने का धैर्य रखें। याद रखें—यदि आप उनकी बातें ध्यानपूर्वक सुनेंगे तो वे भी निश्चित रूप से आपकी बातों पर ध्यान देंगे। वैसे भी इस एकांत भेंट में प्राय: बच्चे अपनी गलती मानकर, उनके सुधार के उपाय भी तलाशते हैं जबकि वे दूसरों के सामने ऐसा नहीं कर पाते। इससे अच्छे व्यवहार का विकास होगा।

सावधान : इस भेंट के दौरान आलोचना से बाज आएं। यदि बच्चे को लगा कि आप उसके दुर्व्यवहार की निंदा करेंगे तो वह शायद खुलकर अपनी बात न कह सके। इस भेंट को सुधारात्मक उपायों, योजनाओं, शेड्यूल व कार्य बांटने के लिए प्रयोग में लाएं।

अति महत्त्वपूर्ण दैनिक विशिष्ट समय : ये थोड़ा-सा समय भी हो सकता है, जैसे—दोपहर के खाने के बादवाली अल्पनिद्रा या रात को सोने से पहले; जब आप बच्चे के साथ बैठकर, उसका हाथ थामकर; उसे दिन-भर के अच्छे बुरे पल बांटने को कह सकती हैं। मैंने कुछ मांओं को प्रतिदिन ऐसा करते देखा है। (या फिर सप्ताह में दो-तीन दिन—जब वे छुट्टी पर हों) —ये मांएं काम निपटाने के बाद, दिखाने के लिए समाचार-पत्र लेकर बैठती हैं किंतु वास्तव में अपने बच्चे का काम निपटने की प्रतीक्षा करती हैं। फिर वे दोनों मिलकर पूरे दिन की घटनाओं पर चर्चा करते हैं।

पारिवारिक भेंट से जुड़ी दो आवश्यक बातें :

1. अगले 15 दिन में होनेवाले अच्छे कार्यों या अभद्र व्यवहार के लिए इनाम व दण्ड सुनिश्चित करें (या अगली साप्ताहिक बैठक तक) फिर उनका पालन भी करें।

2. एक डायरी में तयशुदा बिंदु नोट करें : जिसमें पिछली बैठक का सारा रिकॉर्ड दर्ज हो—इससे एक निरंतरता बनी रहेगी।

नाखुश को खुशनुमा में बदलें—प्रभावी दबाव चुनें (प्रीमैक प्रिंसीपल/दादी मां का नुस्खा)। नियम है—पहले वो करो, जो मैं चाहती हूं, फिर वह कर सकते हो, जो करना चाहते हो। बच्चा जो काम करना चाहता है, वही उसके लिए रीइनफोर्सर या प्रभावी दबाव बन जाएगा। पारिवारिक बैठक में तय हो जाना चाहिए कि बच्चे को कौन-सा काम करने के बाद मनपसंद काम करने का अवसर मिलेगा; जैसे एक बच्चा अभद्र बर्ताव करते हुए खाने में ना-नुकुर

करता है, वह केवल मनपसंद फॉस्टफूड खाना चाहता है। यहां साप्ताहिक बैठक में उसे स्पष्ट कर दें कि प्रतिदिन के आहार की हरी सब्जी खाने के बाद ही उसे मनपसंद भोजन मिल सकता है।

सावधान : बच्चे द्वारा कम पसंद गतिविधि को पहले करवाएं ताकि उसे पसंदीदा गतिविधि का पुरस्कार मिल सके। वरना आपको केवल उसके वादे मिलेंगे, जिससे वांछित गतिविधि नहीं हो पाएगी (क्रमबोल्ट्ज व क्रमबोल्ट्ज 1972)।

हकीकत यह है कि पारिवारिक बैठक में अनेक प्रकार की समस्याएं सुलझाई जा सकती हैं जिनमें से बुरा व्यवहार भी एक है। आप भी आजमाएं; सकारात्मक परिणाम आश्चर्यचकित कर देंगे।

बुद्धिमता का सूत्र : *नियमित पारिवारिक बैठक जैसी विशिष्ट बातों से दुर्व्यवहार की समस्या हल हो सकती है; विशेष रूप से तब जब आप लिए गए निर्णय कहीं लिख लें।*

6. समाधान
ऐसा न करें ....

समाधानों की चर्चा करते समय, यह बहुत मायने रखता है कि हम दुर्व्यवहार के समाधान की राह में आनेवाली बाधाओं पर भी चर्चा करें। पहलेवाले अध्यायों में इन सभी बिंदुओं पर चर्चा हो चुकी है, मैं उनके सामूहिक प्रभाव को दिखाने के लिए ही, फिर से सूचीबद्ध कर रहा हूं :

1. **अपने संबंधों पर ध्यान दें—वही तो विस्तृत रूप लेते हैं :** यदि एक परिवार में पिता दादा का सम्मान नहीं करता→मां पिता का सम्मान नहीं करेगी→बच्चा मां का सम्मान नहीं करेगा व अपनी आजादी पाने के लिए अशिष्ट व्यवहार का सहारा लेगा। यदि बच्चे से सम्मानजनक व्यवहार की अपेक्षा रखते हैं तो वही अपने माता-पिता या पति को भी दें क्योंकि बच्चा इस अधिकार का मान तभी रखेगा, जब वह परिवार में अधिकार का मान होते हुए देखेगा।

2. **बच्चों के सामने आपस में उलझने से बचें** : यह बात बच्चे की मानसिकता को गंभीर रूप से प्रभावित करती है–दादा-दादी के साथ माता-पिता का विवाद। यहां तक कि लगातार एक-दूसरे को नीचा दिखाने की प्रवृत्ति देखकर भी बच्चा भ्रमित हो जाता है व विरोधस्वरूप अभद्र व्यवहार करने लगता है।

3. **आपसी विवाद में बच्चे को शामिल न करें** : आपसी विवाद में न तो बच्चे को मुद्दा बनाएं और न ही उसके नाम पर बहस करें। इससे उसकी मानसिकता पर गलत असर पड़ता है। हालात तब और भी बुरे हो जाते है जब आप बच्चे को जज बनाकर जीत-हार का निर्णय करने को कहते हैं। ऐसे बच्चों को अनुशासित कर पाना बेहद कठिन हो जाता है क्योंकि वे अपनी अपरिपक्वता के बावजूद निर्णायक होने का दंभ पाल लेते हैं तथा इसी आड़ में वही करते हैं, जो उन्हें सही लगता है। वे माता-पिता को आदर देना छोड़कर अशिष्ट व्यवहार करने लगते हैं।

4. **सजा को दूसरों पर न छोड़ें व बच्चे को संभाल न पाने की असमर्थता प्रकट न करें** : अभद्र व्यवहार करनेवाले बच्चे से कभी न कहें: 'पापा आकर पिटाई लगाएंगे', सही तरीके से पेश न आए तो 'डॉक्टर इंजेक्शन लगा देंगे', 'पढ़ोगे नहीं तो मैडम मारेगी' या अशिष्ट व्यवहार किया तो 'बुड्ढा बाबा ले जाएगा।' ऐसे हालात में, बच्चे की नजरों में आपकी औकात दो कौड़ी की रह जाती है। सम्मान की इसी कमी से वह विद्रोही बनता है, आपकी बात मानने से इंकार करते हुए अभद्र बर्ताव करने लगता है।

5. **उसकी कमियां दूसरों के सामने प्रकट न करें** : यदि ऐसा बार-बार किया जाए तो बच्चा अपनी ही नजरों में गिर जाता है। वह भी किसी तरह के सुधारात्मक उपाय से दूर भागता है क्योंकि उसके मन में बैठ जाता है कि वह किसी लायक नहीं है। ऐसा बच्चा अभद्र व्यवहार करता है क्योंकि उसे लगता है कि माता-पिता उससे यही अपेक्षा करते हैं।

6. **अभद्र व्यवहार रोकने के लिए इनाम न दें** : यदि बच्चा कोई अशिष्ट व्यवहार कर रहा है तो उसे रोकने के लिए कोई इनाम या

क्यों मेरा बच्चा अशिष्ट व्यवहार करता है

लालच न दें। फिर तो वह जानबूझकर बार-बार वैसा ही करेगा।

7. **धैर्य रखें :** यदि बच्चा बहुत बुरी तरह से पेश आ रहा हो तो उसे उसी समय न उलझें। यदि वह बड़ा है तो इस बात का और भी ध्यान रखें। दूसरों के सामने बहस करना घातक होगा। इसकी बजाए उसका ध्यान बंटा दें; जैसे कहानी सुनाना व पेंटिंग आदि। बाद में ठंडे दिमाग से उस मुद्दे पर बात करें।

8. **नाजुक दिमाग पर ज्यादा बोझ न डालें :** आजकल के एकल परिवार में एक ओर तो बहुत ही लाड-प्यार से पालन-पोषण होता है तथा दूसरी ओर उस पर भारी-भरकम अपेक्षाएं लाद दी जाती हैं। माता-पिता बच्चों को छोटी उम्र से ही नर्सरी स्कूलों व कोचों के हवाले कर देते हैं। इससे बालपन पर अत्यधिक तनाव पड़ता है जोकि निश्चित रूप से दुर्व्यवहार के रूप में सामने आता है।

9. **बच्चे को अत्यधिक सुरक्षा न दें :** मुझे पता है कि आप बच्चे की सुरक्षा को लेकर चिंतित हैं इसलिए उसे अनचाहे हालात से बचाने की कोशिश में हैं। समस्या यह है कि इससे आप उसकी आत्म-छवि को नुकसान पहुंचाते हैं। अपने संशय अपने तक ही रखें व बच्चे के प्रति भय की भावना अपने चेहरे से प्रकट न होने दें।

10. **अत्यधिक आलोचना न करें :** आलोचना दोधारी तलवार की तरह है। यदि रचनात्मक रूप से प्रयोग किया तो इससे दुर्व्यवहारक राक्षस को मारा जा सकता है पर अविवेकी रूप से इसे चलाया तो आपके बच्चे का स्वाभिमान नष्ट हो जाएगा व पहले से भी ज्यादा गलत बर्ताव करने लगेगा। कृपया ध्यान दें कि अप्रत्यक्ष आलोचना का भी प्रभाव होता है। यदि आप परिवार के किसी सदस्य या माता-पिता में से किसी एक की आलोचना करते हैं तो इससे भी बच्चा हीन-भावना से ग्रस्त हो सकता है क्योंकि वह भी तो उसी परिवार का हिस्सा है।

11. **बच्चे के पास जरूरत से ज्यादा उपलब्ध न रहें—अतिनिरीक्षण की समस्या :** बदलते सामाजिक आर्थिक परिदृश्यों के कारण परिवारों के आकार सिकुड़ रहे हैं व उपकरणों ने घरेलू काम काफी आसान कर दिए हैं। इस तरह मध्यमवर्गीय गृहिणी (जो कामकाजी नहीं) के पास काफी समय बच जाता है। ऐसे में वह समय तकरीबन बच्चे पर ही केंद्रित हो

जाता है। नवजात अवस्था में वह लगातार मां या दादी की गोद में रहता है और बड़े होने पर उसकी प्रत्येक गतिविधि पर नजर रखी जाती है। इससे वह लाड-प्यार में बिगड़ा असुरक्षित बच्चा बन जाता है, जो अपनी असुरक्षाओं से पार पाने के लिए दुर्व्यवहार करता है।

प्रत्येक गैर-कामकाजी मां को चाहिए कि वह बच्चे को पूरा समय देने की बजाए स्वयं को कुछ दूसरी गतिविधियों में भी लगाएं, जैसे संगीत, कुछ पढ़ना व पेंटिंग आदि। इससे बच्चे को भी थोड़ा खुलकर जीने की आजादी मिलेगी व साथ ही मां भी प्रसन्न रहेगी। यह मां-बच्चे के संबंधों के लिए किसी भी वरदान से कम नहीं होगा।

बुद्धिमता का सूत्र : *यदि आप दुर्व्यवहार को बढ़ानेवाले काम नहीं करते तो समस्या पैदा ही नहीं होगी।*

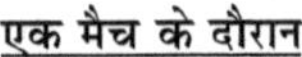

7. समाधान
आक्रामकता से निपटना

☞शुभम को पहली बार मेरे क्लीनिक में टीकाकरण के लिए लाया गया। हालांकि मैंने सीरिंज भरते समय उसे छिपाना चाहा पर उसकी तेज निगाहों ने उसे देख ही लिया। फिर तो जैसे आसमान ही टूट पड़ा। पापा, मम्मी व दो बहनें मिलकर भी उस पांच साल के बच्चे की आक्रामकता को काबू नहीं कर पा रही थी। कोई ऐसा गाल नहीं था, जिस पर चांटा न पड़ा हो, कोई ऐसा हाथ नहीं था, जो पिटा न हो और किसी की भी पोशाक ऐसी नहीं थी, जो थोड़ी-बहुत फटी न हो। मेरे बॉडी-बिल्डर रिसेप्शनिस्ट के आने पर ही बात बनी। वह किसी तरह बच्चे को कुछ सैकेंड के लिए पकड़ने में कामयाब रहा और इंजेक्शन दिया गया। टीका लगने के बाद भी वह बच्चा ठोकरों व अपशब्दों से परिवार का स्वागत करता रहा।

जब मैंने बच्चे के बर्ताव पर अपनी राय दी तो मां की बात सुनने लायक थी। वे बोलीं : "डॉक्टर साहब! ये तो कुछ भी नहीं है। घर में तो अगर इसकी मर्जी के खिलाफ कुछ हो जाए, तो यह मोटा डंडा लेकर, घर की खिड़कियों के कांच तोड़ देता है", जब वे लोग चले गए तो मैं वेटिंग रूप में बैठे, दूसरे मरीजों के विचार जानने का लोभ रोक न सका। वे शुभम के माता-पिता के प्रति काफी कठोर रुख दिखा रहे थे, ''अनपढ़ मां-बाप...'', ''नए-नए दौलतमंद'', ''परिवार के गलत मूल्य'', ''लो क्लास पैट्रोनेज...'', ''बेवकूफ मां-बाप...।''

यदि आपको 'अ-1' व 'स-6' अध्याय की घटनाएं याद हों तो आप पाएंगे कि सभी मामलों में परिवार के बारे में सार्वजनिक राय बुरी नहीं होती है।

आक्रामकता के इस दुर्व्यवहार के साथ सबसे बुरी चीज यही है। यहां एक ही बात उभरकर सामने आती है कि माता-पिता ने बच्चे पर पूरी तरह से नियंत्रण खो दिया है। मान लिया जाता है कि यह परिवार की दिशाहीन देखरेख का नतीजा है तथा परिवार के निम्न नैतिक मूल्यों की उपज है। खासतौर पर जब आक्रामकता का पलटवार माता-पिता पर ही हो।

आइए, आक्रामकता के विषय पर विस्तार से चर्चा करें :

आक्रामकता तीन महत्त्वपूर्ण व्यवहारगत प्रभावों के परिणामस्वरूप विकसित होती है :

1. **मॉडलिंग (आदर्शीकरण)** : बच्चों का उन्मादी, क्रोधी, चतुर व चारों तरफ धाक जमानेवाले वयस्क आदर्शों (माता-पिता अथवा पारिवारिक सदस्य) के खुले संपर्क व प्रभाव में आना। वे इन लोगों को तुरंत अपना रोल-मॉडल चुन लेते हैं।

2. **इंटरनलाइजेशन (आत्मसात्)** : समय के साथ-साथ बच्चे उस आदर्श के व्यवहार को पूरी तरह से आत्मसात् करते जाते हैं। वे कई बार केवल इसलिए आक्रामकता दिखाते हैं कि अपने आसपास की सीमाएं (टेस्टिंग द फेंस) जान सकें।

3. **सेल्फ कांसेप्ट (स्व-अस्तित्ववादी सिद्धांत)** : यदि इस तरह के प्रयासों पर कड़ी नजर न रखी जाए अथवा उन पर क्रूरता व गलत रूप से निगरानी रखने का प्रयास किया जाए तो वे इन नकारात्मक मान्यताओं को अपने मस्तिष्क व व्यक्तित्व में पूरी तरह से उतार लेते हैं तथा अपने विचारों व योजनाओं के अनुरूप ही ढल जाते हैं।

     क्यों मेरा बच्चा अशिष्ट व्यवहार करता है

आक्रामकता के रूप :

1. **अतिदृढ़ता :** जब बच्चा अपनी वस्तुओं पर पूरी तरह से अपना अधिकार जताने लगे व बहुत सख्ती से ऐसा करे तो हम इसे आक्रामकता का पहला लक्षण मान सकते हैं।

2. **वस्तुपरक आक्रामकता :** किसी दूसरे की वस्तु या अपने से संबंध न रखनेवाली वस्तु

के लिए जिद करना व उसे पाने की कोशिश करना।

3. **शत्रुतापूर्ण आक्रामकता :** अकारण ही किसी अनजान को चोट पहुंचा देने के लिए सीधा हमला कर देने की प्रवृत्ति।

4. **प्रत्यक्ष आक्रामकता :** यहां बच्चा किसी को भी चोट पहुंचाने या घायल करने के उद्देश्य से, भयानक रूप से हमला करने को प्रस्तुत हो जाता है।

5. **सापेक्षिक आक्रामकता :** सामाजिक संबंधों को चोट पहुंचाने अथवा दूसरों को नीचा दिखाने के लिए अकारण सबको गालियां देना, चिढ़ाना, व्यंग्य करना, ताने मारना, अपशब्द कहना आदि अनेक रूपों में मौखिक आक्रामकता।

आक्रामकता की उत्पत्ति

जब बच्चे को उसकी जिद व आक्रामक व्यवहार के लिए कोई दंड नहीं दिया जाता तो उसमें दुर्व्यवहार, क्रोध व आक्रामकता की प्रवृत्ति तेजी से बढ़ती जाती है। यदि समय रहते इस पर नियंत्रण न पाया जाए तो पहले वह समवयस्कों से उलझता है और फिर परिवार के वरिष्ठ

सदस्यों का भी अपमान करने लगता है। ऐसे में उसे दंडित करने की बजाए कह दिया जाता है, 'यह तो ऐसा ही है।' तब अपने बारे में उसकी मान्यता और भी दृढ़ हो जाती है। आगे चलकर यह सब उसकी सह अस्तित्ववादी मान्यता में शामिल हो जाता है। वह इसे अपने व्यक्तित्व का ही एक अंग मान लेता है।

इसी तरह क्रमानुसार :

☞ घर में किसी बड़े का पथभ्रष्ट व्यवहार। (मॉडलिंग) बड़ों द्वारा पत्नी या महिला सदस्यों के साथ अकारण हिंसक व अपमानजनक व्यवहार करना तथा इसके बावजूद उनके प्रति महिलाओं का अच्छा व नर्म बर्ताव।

⇩

कम उम्र के लड़ाकू बच्चे वयस्क होने पर कानून तोड़नेवाले बनते हैं। इस सिद्धांत को आत्मसात् कर लेना कि नकारात्मक व्यवहार के बावजूद उसे पुरस्कार/इनाम मिलेगा...जिद से चॉकलेट हासिल करना।

हम व दूसरे

इच्छा : दो वर्षों की आयु से पहले बच्चों में आत्म-इच्छा की चेतना जाग्रत हो चुकी होती है; जैसे वे बाहर जाकर खेलना चाहते हैं। 3 वर्ष–पहले-पहल वे अपनी समझ का तालमेल दूसरों की इच्छा से भी करने लगते हैं।

सामंजस्य : यह समझने की योग्यता है कि दूसरे लोगों के विचार व भावनाएं उनसे भिन्न हो सकती हैं। यह योग्यता परिपक्वता आने के साथ ही विकसित होती है।

सामंजस्यपूर्ण बातचीत की कमी : यदि बच्चे को बचपन में उसकी नकारात्मक गतिविधियों के लिए दंडित नहीं किया जाता तो वह आगे चलकर सामंजस्यपूर्ण बातचीत की योग्यता खो देता है। ऐसे बच्चे आगे चलकर दूसरों की वास्तविक इच्छा/मंशा को समझने में परेशानी महसूस करते हैं तथा किसी सीधी बात या साधारण भूल पर भी निर्दयी वयस्कों में बदल जाते हैं। उन्हें दूसरों के साथ अभद्र/अशिष्ट बर्ताव करने या चोट पहुंचाने में भी कोई ग्लानि/पश्चाताप नहीं होता।

क्यों मेरा बच्चा अशिष्ट व्यवहार करता है

⇩

वस्तुपरक आक्रामकता (उन चीजों पर अधिकार जताना, जो उसकी नहीं)—घर पर भाई-बहनों व बाहर हमउम्रों के साथ।

⇩

अभिभावकों द्वारा अभद्र व्यवहार पर उपयुक्त सजा न देने पर आक्रामकता की आदत पनपना।

⇩

स्कूल में दबदबा बनाए रखने के लिए अकारण हिंसक, उग्रतापूर्ण व आक्रामक व्यवहार करना।

⇩   ⇩

हिंसक शारीरिक आक्रामकता   सापेक्षिक आक्रामकता

(विशेष लड़कों में)   (लड़के व लड़कियों दोनों में)

⇩   ⇩

बच्चों में तमाम संबंधों से अलगाव का जन्म

⇩

एकाकी व शत्रुतापूर्ण जीवन।

ऐसे बच्चे अधिकतर सामान्य शिक्षा व्यवस्था व मानस संबंधों की अवधारणा से बाहर हो चुके होते हैं। वे सार्वजनिक तौर पर आक्रामक व उन्मादी होते हुए, गैरकानूनी दुनिया का हिस्सा बन जाते हैं।

समाधान : आक्रामक दुर्व्यवहार के लिए समाधान की तलाश एक चुनौतीपूर्ण कार्य हो सकता है क्योंकि इसके लिए संपूर्ण रूप से आत्मविश्लेषण की आवश्यकता होगी। हो सकता है कि अनजाने में, माता-पिता ही अपनी भूलों की वजह से इसका कारण बनें हों, एक आक्रामक बच्चों पर नियंत्रण पाना काफी कठिन होता है।

यदि उचित रूप से दुर्व्यवहार का प्रबंधन चाहते हैं तो निम्न बिंदु ध्यान में रखें :

> सबसे महत्त्वपूर्ण : धैर्य रखें, आक्रामक बर्ताव में सुधार के लिए यह बहुत महत्त्व रखता है। यदि माता-पिता धैर्यवान होंगे, तभी बच्चे से अपने व्यवहार पर नियंत्रण रखने की अपेक्षा की जा सकती है। यदि माता-पिता ही आपा खो देते हैं तो इसका अर्थ है कि वे बच्चे को गलत व्यवहार को वैध ठहरा रहे हैं।

- यह बहुत महत्त्व रखता है कि जब बच्चे का पारा चढ़ा हो तो आमने-सामने की टक्कर न लें। उसका दिमाग शांत होने दें। इस प्रकार आप दोनों ही संघर्ष से बच जाएंगे।

- यह स्वीकार लेने में कोई हर्ज नहीं कि आप बच्चों को सहमत किए बिना उससे सही काम नहीं करवा सकते—यह एक तथ्य है। नोट : यह दुर्व्यवहार का आत्मसमर्पण या प्रोत्साहन नहीं क्योंकि न तो आप गलत मांग को हामी दे रहे हैं और न ही तय की गई सजा घटा रहे हैं। यह तो संप्रेषण व सहयोग की ओर पहला कदम भर है।

- उसके बॉसी व्यवहार में नेतृत्व रचनात्मक कार्यों की ओर मोड़ें; जैसे उसे खाने का नियोजन, पारिवारिक दिनचर्या आदि बनाने का काम सौंप दिया जाए।

- उसे सीमित चुनाव दें ताकि उसे उनमें से किसी एक को चुनने का हक हो किंतु वह उन दिए गए चुनावों से परे न जा सकें। कृपया ध्यान दें : ये चुनाव स्वीकृत कार्यों में से हों। किसी भी गलत कार्य के लिए कोई चुनाव नहीं दिया जाएगा; जैसे अगर बच्चा बिजली के सॉकेट में हाथ डाले तो हम उसे किस तरह के चुनाव दे सकते हैं। कोई नहीं, इसी तरह जिन कामों में चुनाव की सुविधा न हो, वहां ऐसे न पूछें–"क्या तुम दवाई लोगे या नहीं?" या "क्या तुम मेरे निर्देशों का पालन करोगे या नहीं?" इसे उसे गलत संकेत मिलेगा।

- उसे अवसर दें कि वह स्वेच्छा से गलत किए गए कार्य में सुधार कर सकें; जैसे : गुस्से के आवेग में फेंके गए सब्जी के कटोरे से फैली गंदगी को स्वयं साफ करने से, उसे एहसास होगा कि जिस फर्श को गंदा करना इतना आसान था, उसे साफ करना कितना मुश्किल हो सकता है।

> यदि बच्चे को स्वेच्छा से अपने अभद्र बर्ताव को रचनात्मक कार्यों की ओर निर्देशित करने का अवसर मिले तो इससे अच्छा व्यवहार करने के लिए प्रोत्साहन मिलेगा।

- कभी-कभी उसकी अभद्रता (यदि अधिक गंभीर न हो) को अनदेखा करें ताकि वह केवल ध्यान खींचने के लिए किए गए अभद्र बर्ताव

को न दोहराएं। इससे उसे लगेगा कि आपके ध्यानाकर्षण के लिए उसे थोड़ा बेहतर बर्ताव करना होगा।

➤ उसे किसी रचनात्मक कार्य में ध्यानाकर्षण के लिए प्रोत्साहित करें; जैसे जहां वह पारिवारिक कार्यों में सहयोग दे सके–उसे टेबल मैनर्स का इंचार्ज बना दें।

मुझे पता है कि ये कार्य कठिन है किंतु आपसे किसने कहा कि पेरेंटिंग आसान होती है।

बुद्धिमता का सूत्र : अभद्र व्यवहार दंडित न हो तो आक्रामकता का रूप लेता है तथा बच्चों को कोई जिम्मेदारी देने से उनका ध्यान आक्रामक व्यवहार से हटाया जा सकता है।

8. समाधान
एक बड़े बच्चे को अनुशासित करना

यदि आक्रामक बच्चे से निपटना कठिन है तो किसी किशोर के अभद्र बर्ताव से निपटना तो उससे भी कठिन होता है क्योंकि यहां आपका सामना एक ऐसे किशोर/ किशोरी से है, जिसका अहं उसे मानने ही नहीं देता कि वह भी गलत हो सकता है/ सकती है। हारमोनों का बढ़ता स्तर विद्रोही स्वभाव में वृद्धि करता है व स्थिति और भी विस्फोटक हो जाती है।

वैसे तकरीबन मामलों में, किशोर इस अवस्था में आने पर अभद्र व्यवहार करना आरंभ नहीं करते। इसकी जड़ें उनके बाल्यकाल में होती हैं। तो यहां हम किसी ऐसे बुरे व्यवहार को जड़ से उखाड़ने की बात कर रहे हैं, जो जाने कब से जड़ें जमाए बैठा है।

तो कैसे आरंभ कर सकते हैं?

1. आरंभ करने से पहले, धैर्य रखें—यह सही मायनों में एक वरदान

क्यों मेरा बच्चा अशिष्ट व्यवहार करता है

है : मैंने नहीं कहा कि आप 'धैर्य रखना सीखें' क्योंकि यह कोई ऐसा ज्ञान/ जानकारी नहीं जिसे आप किसी आत्मविकास की पुस्तक से सीख सकें। धैर्य एक ऐसी प्रवृत्ति है; जिसे धीरे-धीरे संपूर्ण प्रयास से ही पाया जा सकता है।

किसी गंभीर गलती के दौरान ही माता-पिता के धैर्य की असली परख होती है। ऐसी परिस्थिति में अगर आपने अधैर्य दिखाया तो, आप अवसर खो देंगे कि किशोर आपको अपनी गलती के बारे में हामी दे या समाधान पर चर्चा करे।

इन बच्चों में, जीवन के प्रति अपने ही विचार होते हैं जोकि संभवत: आपसे अलग हो सकते हैं। पहले धीरज से उसकी बात सुनें, फिर उन्हें स्वीकारें और चाहे वे आपसे विभिन्न हों तो भी उन्हें मान दें। किसी किशोर से पेश आने का यही एक तरीका हो सकता है।

हमें यह याद रखना होगा कि हमें किसी किशोर को कोई सबक नहीं सिखाना। हमें उसे एहसास दिलाना है कि वह गलत था ताकि वह दोबारा ऐसी भूल न करे यानी सुधार ही आपका लक्ष्य होना चाहिए। हमारी तत्काल व अधीरता से भरी प्रतिक्रिया उल्टा ही असर दिखाती है। इससे किशोर उत्तेजित होकर, अपनी भूल मानने से ही इंकार कर देता है। जब ऐसा बार-बार हो तो वह दुराग्रही होकर बार-बार वही भूल दोहराता है और कई बार जानबूझकर भी ऐसा करता है।

2. Releasing the Arrow–

Your children are not your children
They are the sons and daughters of life's longings
for itself
You can give them your love but not your thoughts
for they have their own thoughts
You may strive to be like them but seek not to make them
like you...
...You are just the bows from which your children,
as living arrows are sent forth.
The Archer sees the mark upon the path of the infinite,
and He bends you with His might,
so that His arrow may go swift and far.
Let your bending in the Archer's hand be for gladness.

भावार्थ :

तीरों को स्वतंत्र छोड़िए

आपका बच्चा केवल आपका ही बच्चा नहीं है, वह अपने जीवन की अभिलाषाओं का भी अभिलाषी है। आप उन्हें अपना स्नेह तो दे सकते हैं किंतु अपनी सोच नहीं क्योंकि उनके पास अपने विचार हैं...आप उनमें स्वयं की परछाई देख सकते हैं, परंतु उनमें स्वयं को न तलाशें...

आप केवल उस धनुष के समान हैं जिसकी प्रत्यंचा पर चढ़कर वे अपनी मंजिल तय करते हैं।

एक अच्छा तीरंदाज अपने लक्ष्य को केंद्र में रखकर ही अपने लक्ष्य तक जल्दी व दूर तक पहुंचता है।

अपनी प्रत्यंचा को भी इसी तीरंदाज के हाथों में देकर आनंदित होइए।

ख़लील जिब्रान के इन शब्दों में हमें आदर्श माता-पिता का वह रूप दिखता है कि कैसे हम अपने बालक के जीवन को एक सही सफलता की राह पर बढ़ने के लिए प्रेरित करें।

आप स्वयं से पूछिए कि क्या आप भी इसी प्रकार के आदर्श माता-पिता हैं। क्या आपको नहीं लगता कि हम उन्हें अपना साथ देने की बजाए अपने विचारों से लाद देते हैं। हम उनकी इच्छा की परवाह किए बिना ही, उन्हें अपने जैसा नहीं बनाना चाहते। इसके अलावा हम उन्हें तीर के समान स्वतंत्र छोड़ने की बजाए स्वयं से बांधकर नहीं रखते? इस तरह हम उन्हें कुंठित कर देते हैं और यह तो तय है कि ऐसा बर्ताव दुर्व्यवहार व आज्ञा न मानने जैसे भावों में ही प्रकट होता है।

तो हम ऐसा क्यों करते हैं?–सच तो यह है कि हम बच्चों को इस दुनिया की कड़वी सच्चाइयों से दूर रखना चाहते हैं। एक कहावत याद आती है–समुद्री जहाज के लिए सबसे सुरक्षित स्थान बंदरगाह है परंतु जो जहाज हमेशा वहीं खड़ा रहता है, वह निकृष्ट और जर्जर हो जाता है। याद रखें–एक छोटा-सा पौधा बड़े पेड़ की छाया से निकलकर ही अपनी जड़ों को दूर तक फैलाता है। यह सफलता (किसी भी क्षेत्र/खेल/व्यवसाय) ही दुर्व्यवहार का सबसे श्रेष्ठ प्रतिकारक है।

सबसे पहले तो उसे इस बात का एहसास दिलाएं कि यदि वह सहयोग देने को तैयार है तो आप भी स्वेच्छा से उसके जीवन का नियंत्रण उसे ही सौंप देंगे। इसके अनुसार पहले उस पर आंशिक निरीक्षण होगा और फिर उस पर किसी तरह का निरीक्षण नहीं रखा जाएगा। इसे अपनाना चाहें तो बच्चे को हॉस्टल भेजना होगा, खासतौर पर हाईस्कूल के बाद। मैं जानता हूं कि आपमें से कई लोग केवल पुत्र को ही भेजना चाहेंगे पर यह आपकी पुत्री के लिए भी उतना ही महत्त्व रखता है। मैंने देखा है कि यह निर्णय, कई बच्चों के लिए बड़े-बड़े करिश्मे कर देता है, जिनमें मेरा बच्चा भी शामिल है। हो सकता है कि आपके मन में यह दुविधा हो कि दूर भेजने से बच्चा बुरी आदतों का शिकार हो जाएगा। परंतु जिंदगी के सफर में सभी को एक न एक दिन तो सड़क पर चलना ही होगा, चाहे कितनी भी भीड़ क्यों न हो।

3. उसे अपने भी ऊपर जाने दें : जैसाकि मैंने पहले कहा, किशोर की कुंठा से ही अभद्र व्यवहार पैदा होता है और इस कुंठा का कारण है, असफलता। उसे सफलता की राह में आनेवाली बाधाओं से निपटने में सहायता दें। आश्चर्यजनक बात यह है कि अपने बच्चे की राह की सफलता में सबसे बड़ी बाधा तो आप ही हैं–उसके माता-पिता। उसके लिए वरिष्ठता के पहले आईकॉन। क्यों? क्योंकि उसके मन में आपको देखकर बचपन से ही एक अधूरेपन की भावना आ चुकी है, आप वह सब कर सकते थे, जोकि वह करने के योग्य न था। तो आत्मविश्वासपूर्ण रवैया पाने के लिए आवश्यक है कि वह पहले आप पर विजय पाए, किसी-न-किसी क्षेत्र में माता-पिता की उपलब्धियां लांघे। इसी प्रकार बच्चा मानसिक कांच की छत को पार कर, आकाश तक पहुंच सकेगा।

बच्चे के व्यक्तित्व के प्रारंभिक विकास में इस तरह का मानसिक बाधा-भंग बहुत महत्त्व रखता है। वो कहीं-न-कहीं, किसी-न-किसी रूप में पराजित होने के लिए तैयार हो जाए, फिर चाहे वे खेल हो या पढ़ाई।

4. संप्रेषण में स्पष्टता रखें : कई बार जिसे अभद्र व्यवहार या आज्ञा का पालन न करना मान लिया जाता है, वह वास्तव में ऐसा नहीं होता। बच्चा यह समझ ही नहीं पाता कि उससे क्या अपेक्षा की जा रही है। बच्चे से जो भी कहें; वह पूरी तरह से स्पष्ट व समझ में आने योग्य होना चाहिए। ऐसा करना आसान नहीं होगा। आपको उसे उसके स्तर की भाषा में बताना होगा कि उससे क्या किए जाने की अपेक्षा रखते हैं या इस कार्य से जुड़े कौन से दंड या पुरस्कार हो सकते

हैं। यह असंप्रेषण तब और भी उलझा देता है जब आदेश; शामिल व्यक्तियों व परिस्थितियों के विपरीत हो; जैसे माता व पिता (दादा-दादी या माता-पिता) एक ही तरह के कार्य के लिए अलग-अलग निर्देश दें।

यदि आप तार्किक रूप से उसे उसके कार्य का महत्त्व समझा सकें तो वह खासतौर से आपके आदेशों पर ध्यान देगा।

5. किसी किशोर से विवाद के बाद उसे शांत होने का अवसर दें :

किशोर को संप्रेषण से पहले समाधान पर विचार का अवसर दें। हम प्राय: तनाव के लिए जो हारमोन नियंत्रित प्रतिक्रिया देते हैं उसे 'फाइट या फ्लाइट' प्रतिक्रिया कहते हैं। माता-पिता व किशोर संघर्ष की परिस्थिति में हम भी बच्चे की तरह यही प्रतिक्रिया अपना लेते हैं; तब या तो चीखना, चिल्लाना या शारीरिक हिंसा होती है या फिर वहां से निष्कासन, अवसाद या संप्रेषण टूटने की स्थिति हो जाती है। छोटे बच्चों के साथ तो ऐसी परिस्थिति कुछ ही समय के लिए होती है पर किशोरों में यह अवस्था लंबे समय तक चल सकती है।

इस मूड में तो किसी भी समस्या का हल खोजना मुश्किल होगा। यही सलाह दी जाती है कि इन हालात में मन शांत होने के बाद ही किसी समाधान की चर्चा करें।

इस दौरान स्वयं से पूछें, 'आप कोई समाधान दे रहे हैं? या वास्तव में समस्या का एक हिस्सा बन रहे हैं?' किशोर के प्रति आपके व्यवहार व उसके संबंध को प्रभावित करने के लिए, बहुत आवश्यक है कि पहले एक माता-पिता के रूप में आप स्वयं बदलें। बच्चे बहुत बुद्धिमान होते हैं, वे इस परिवर्तन को लक्ष्य करते हुए इसका पालन करेंगे।

मैं जानता हूं कि यहां मैंने केवल विस्तृत मार्गदर्शिकाएं ही दी हैं पर बड़े बच्चों के मामले में, केवल एक चाबी ही सारे ताले खोलने के लिए काफी नहीं होती। प्रत्येक किशोर की व्यक्तिगत मानसिकता व व्यक्तित्व के अनुरूप समाधान तलाशने होते हैं जोकि मैं पहले ही कह चुका हूं कि यह काफी पीड़ादायक व धैर्यपूर्ण प्रक्रिया है।

बुद्धिमता का सूत्र : *धैर्य तथा शांत मन से किया गया संप्रेषण ही किशोरों के दुर्व्यवहार से निपटने का एकमात्र तरीका है।*

■ ■ ■

    क्यों मेरा बच्चा अशिष्ट व्यवहार करता है